Paolo Maria Lancia

Tattica totale

Strumenti e tecniche per affrontare ogni sfida con successo

Sommario

Introduzione

Cos'è la tattica e perché è fondamentale

La tattica è la scienza e l'arte di pianificare e condurre azioni immediate e operative volte a raggiungere obiettivi specifici all'interno di un quadro più ampio. Essa rappresenta il livello esecutivo della strategia, trasformando visioni astratte in realtà concrete attraverso una serie di manovre ben definite e coordinate. A differenza della strategia, che si concentra su obiettivi a lungo termine e sull'orientamento generale, la tattica agisce nel presente, affrontando sfide contingenti e ottimizzando le risorse disponibili per ottenere risultati tangibili. Questa distinzione, però, non deve far pensare alla tattica come un elemento subordinato o secondario rispetto alla strategia; al contrario, è il complemento essenziale senza il quale nessuna strategia può realizzarsi con successo.

La rilevanza della tattica si manifesta in ogni aspetto della vita e dell'organizzazione umana. Dalle operazioni militari alle competizioni sportive, dalla gestione aziendale alle relazioni personali, la capacità di applicare tattiche efficaci può fare la differenza tra il successo e il fallimento. In ogni contesto, le decisioni tattiche richiedono prontezza, capacità di analisi e una profonda comprensione dell'ambiente circostante. Non si tratta solo di seguire schemi predefiniti, ma di sapere adattare le proprie azioni a situazioni in continua evoluzione, sfruttando le opportunità e minimizzando i rischi.

La tattica è fondamentale perché rappresenta il livello operativo in cui si concretizzano gli obiettivi strategici. Senza una corretta esecuzione tattica, anche la strategia più brillante rischia di rimanere una semplice astrazione. Le tattiche efficaci non solo realizzano i piani strategici, ma li arricchiscono di valore, trasformando le intenzioni in successi concreti. Ogni manovra tattica è il risultato di un delicato equilibrio tra pianificazione e improvvisazione, tra disciplina e creatività, tra precisione e adattabilità.

La natura dinamica della tattica implica che essa debba essere costantemente raffinata e perfezionata. I contesti in cui opera sono spesso caratterizzati da incertezza e cambiamento, e ciò richiede un atteggiamento di apertura mentale e una capacità di apprendimento continuo. Le lezioni apprese da un errore tattico possono essere preziose quanto un'azione coronata dal successo, perché entrambe offrono opportunità di miglioramento e crescita.

Infine, la tattica non è solo tecnica, ma anche arte. Essa coinvolge intuizione, creatività e una profonda comprensione del comportamento umano. Una tattica efficace non si limita a rispondere alle circostanze, ma anticipa i movimenti degli avversari o le dinamiche del contesto, modellando la realtà per ottenere il massimo vantaggio. In questo senso, la tattica non è solo un mezzo per un fine, ma un elemento che contribuisce a definire la qualità e il carattere di ogni azione intrapresa.

Comprendere e padroneggiare la tattica è un requisito fondamentale per chiunque voglia navigare con successo le complessità del mondo moderno. Attraverso le pagine di questo libro, esploreremo i principi fondamentali della tattica, le sue applicazioni nei diversi contesti e le competenze necessarie per padroneggiarla. Scopriremo come la tattica, pur operando nell'immediato, possa avere un impatto duraturo, diventando uno strumento potente per trasformare il presente e plasmare il futuro.

La differenza tra tattica e strategia

La differenza tra tattica e strategia risiede principalmente nella natura, nella portata e negli obiettivi di ciascun concetto. Sebbene siano intimamente legati e si supportino a vicenda, rappresentano due livelli distinti ma complementari del processo decisionale e dell'azione. Capire questa distinzione è essenziale per padroneggiare l'arte della pianificazione e dell'esecuzione efficace in qualsiasi ambito, che si tratti di guerra, affari, sport o vita personale.

La strategia è una visione di ampio respiro che si focalizza sul raggiungimento di obiettivi a lungo termine. È il quadro generale, l'insieme delle scelte fondamentali che definiscono la direzione da seguire. La strategia stabilisce gli scopi finali e traccia il percorso generale verso il successo, tenendo conto di molteplici fattori quali risorse disponibili, potenziali opportunità e rischi, e il contesto generale in cui si opera. In altre parole, la strategia risponde alla domanda: COSA VOGLIAMO OTTENERE E PERCHÉ?

La tattica, invece, opera su un livello più immediato e pratico. Si occupa del COME realizzare gli obiettivi definiti dalla strategia. È l'esecuzione concreta di azioni specifiche progettate per ottenere risultati tangibili nel breve termine. La tattica riguarda l'ottimizzazione delle risorse sul campo, l'adattamento rapido alle circostanze e l'utilizzo di strumenti e tecniche per affrontare situazioni particolari. È il mezzo attraverso cui le idee strategiche prendono forma e si trasformano in realtà.

Un esempio classico per comprendere questa differenza può essere tratto dal contesto militare. La strategia militare stabilisce gli obiettivi principali di una campagna, come conquistare un territorio o neutralizzare una minaccia, identificando le priorità e le risorse necessarie per raggiungere questi scopi. La tattica, d'altra parte, si occupa delle azioni specifiche sul campo di battaglia, come organizzare un'imboscata, scegliere le formazioni da adottare o coordinare gli attacchi su più fronti. La strategia è il piano complessivo; la tattica è l'arte di combattere ogni singola battaglia.

Un altro modo di vedere questa relazione è considerare la strategia come una narrazione globale, mentre la tattica ne rappresenta i capitoli individuali. Ogni tattica si inserisce all'interno di una strategia più ampia, e il successo tattico contribuisce all'avanzamento dell'intera visione strategica. Tuttavia, la relazione tra i due non è unidirezionale. Anche la strategia può essere influenzata dal risultato delle tattiche, poiché i successi o i fallimenti operativi possono richiedere una revisione del piano generale.

La chiave del successo risiede nel bilanciare questi due elementi. Una strategia senza tattiche efficaci è destinata a rimanere un ideale irrealizzato, un sogno senza radici nella realtà. Allo stesso modo, tattiche ben eseguite ma prive di una visione strategica rischiano di disperdere energie e risorse senza produrre risultati significativi o coerenti. La sinergia tra strategia e tattica è dunque essenziale: la prima fornisce la direzione, mentre la seconda garantisce l'azione. In questo modo, l'una dà significato all'altra, e insieme formano un sistema integrato che permette di affrontare le sfide più complesse con successo.

Gli ambiti di applicazione della tattica

Gli ambiti di applicazione della tattica sono vasti e diversificati, riflettendo la sua natura adattabile e la sua utilità in molteplici contesti. La tattica, intesa come l'arte di pianificare ed eseguire azioni specifiche per raggiungere obiettivi definiti, trova espressione in ogni campo in cui siano richiesti decisioni rapide, efficienza operativa e risultati concreti. Dalle operazioni militari alla competizione sportiva, dalla gestione aziendale alle relazioni personali, la tattica è uno strumento essenziale per navigare le complessità della vita e ottenere vantaggi significativi.

Nel contesto militare, la tattica rappresenta il livello operativo dell'arte della guerra. È qui che si manifestano le decisioni sul campo di battaglia: la scelta di posizionare le truppe, l'organizzazione degli attacchi, la gestione delle risorse durante uno scontro e l'adattamento alle mosse del nemico. Le tattiche militari, pur variando notevolmente in base all'epoca e alla tecnologia disponibile, condividono l'obiettivo di sfruttare le debolezze avversarie e massimizzare l'efficacia delle proprie forze. Questo ambito richiede non solo competenze tecniche, ma anche intuizione, creatività e una profonda comprensione del comportamento umano.

In ambito sportivo, la tattica è cruciale per trasformare l'allenamento e le capacità individuali in performance vincenti. Gli allenatori e gli atleti utilizzano tattiche per adattarsi alle caratteristiche dell'avversario, sfruttare i punti deboli e ottimizzare i punti di forza. La capacità di modificare il proprio approccio durante una competizione, leggendo le dinamiche del gioco e anticipando le mosse dell'avversario, rappresenta spesso la differenza tra una vittoria e una sconfitta. La tattica sportiva, come quella militare, combina analisi dettagliata e improvvisazione creativa, rendendola una componente indispensabile per il successo.

Nel mondo aziendale, la tattica si manifesta nella gestione delle operazioni quotidiane e nella risposta a sfide immediate. Le aziende devono affrontare un mercato in continua evoluzione, e le decisioni tattiche diventano essenziali per mantenere la competitività e soddisfare le esigenze dei clienti. La pianificazione delle campagne di marketing, la gestione delle crisi, la negoziazione con partner o fornitori e l'ottimizzazione delle risorse interne sono solo alcune delle aree in cui le tattiche giocano un ruolo fondamentale. Qui, la tattica non è solo esecuzione, ma anche capacità di leggere il contesto e adattarsi rapidamente a nuovi scenari.

Anche nelle relazioni personali e sociali, la tattica riveste un ruolo importante. Dalla risoluzione di conflitti alla costruzione di reti di supporto, la capacità di utilizzare approcci mirati per gestire situazioni complesse può determinare il successo o il fallimento delle interazioni umane. La comunicazione efficace, la gestione delle emozioni e la capacità di negoziare soluzioni sono tutte espressioni di tattiche applicate nel contesto delle relazioni.

Infine, la tattica trova applicazione nella gestione della vita personale. Saper pianificare il proprio tempo, organizzare risorse e affrontare le difficoltà quotidiane con prontezza e creatività sono manifestazioni concrete di un approccio tattico. In questo ambito, la tattica si intreccia con il desiderio di ottimizzare il proprio benessere e perseguire obiettivi personali, adattandosi alle sfide e sfruttando al meglio le opportunità che la vita presenta.

In tutti questi ambiti, la tattica si distingue per la sua natura immediata e pragmatica, ma non per questo meno sofisticata. Essa richiede un equilibrio tra pianificazione dettagliata e capacità di improvvisazione, tra precisione operativa e creatività. La sua applicazione efficace dipende dalla comprensione del contesto, dall'abilità di analizzare le variabili in gioco e dalla prontezza nel prendere decisioni che possono fare la differenza tra successo e fallimento. La tattica, dunque, è uno strumento universale, indispensabile per affrontare le sfide e cogliere le opportunità in ogni ambito della vita.

Come leggere e utilizzare questo libro

Questo libro è stato concepito come una guida approfondita e strutturata per esplorare e comprendere l'arte della tattica in tutte le sue declinazioni. Che tu sia uno studente, un professionista, uno stratega militare, un imprenditore o semplicemente un individuo desideroso di migliorare le proprie capacità decisionali e operative, questo testo offre una combinazione di teoria, applicazioni pratiche e riflessioni che ti accompagneranno nel tuo percorso di apprendimento e crescita.

Per trarre il massimo vantaggio da questo libro, è importante affrontarlo con una mentalità aperta e flessibile. Non si tratta di un manuale rigido, ma di uno strumento dinamico, pensato per stimolare il pensiero critico e adattarsi alle esigenze e agli interessi del lettore. La struttura del libro è progettata per seguire un percorso logico e progressivo, suddiviso in sezioni che affrontano i fondamenti della tattica, i suoi ambiti di applicazione e i modi per perfezionarla. Tuttavia, ogni capitolo è pensato per essere auto-contenuto, consentendo una lettura non necessariamente lineare.

Se sei nuovo al tema della tattica, ti consigliamo di iniziare dall'inizio, per costruire una solida comprensione dei concetti fondamentali. La prima parte del libro offre una panoramica esaustiva dei principi chiave e delle basi teoriche che sottendono la tattica. Questi concetti sono il fondamento su cui si basano le applicazioni pratiche esplorate nelle sezioni successive.

Se, invece, hai già una conoscenza di base dell'argomento o sei interessato a un ambito specifico, come la tattica militare, aziendale o personale, puoi dirigerti direttamente alla sezione pertinente. In ogni caso, gli esempi e le riflessioni contenuti nei capitoli ti offriranno nuove prospettive e strumenti utili per migliorare le tue competenze.

Una parte significativa di questo libro è dedicata alla riflessione. Leggerlo con attenzione significa non solo assimilare informazioni, ma anche fermarsi a considerare come i concetti e le strategie presentati possano essere applicati al tuo contesto personale o professionale. È utile prendere appunti, confrontare le idee con la tua esperienza e, se possibile, discutere i temi trattati con colleghi o mentori per arricchire la tua comprensione.

Infine, ricorda che la tattica è una disciplina viva e dinamica. Le sue applicazioni evolvono con il tempo e le circostanze, e ciò che apprenderai da questo libro rappresenta solo l'inizio del tuo viaggio. Utilizza i concetti qui presentati come strumenti da perfezionare e adattare alle tue esigenze specifiche, consapevole che l'apprendimento continuo e la pratica costante sono essenziali per padroneggiare l'arte della tattica.

Che tu stia cercando di affrontare una sfida immediata o di pianificare il tuo successo a lungo termine, questo libro può essere una bussola per orientarti nel complesso terreno delle decisioni tattiche. Avvicinati a queste pagine con curiosità, impegno e spirito critico, e scoprirai un universo di idee e opportunità che possono trasformare il tuo modo di pensare e agire.

Parte I: Fondamenti della Tattica

La tattica è il cuore pulsante di ogni azione mirata al raggiungimento di un obiettivo. È l'arte di trasformare la teoria in pratica, di colmare il divario tra la visione generale e l'azione concreta. Nella sua essenza, la tattica non è solo un insieme di tecniche operative; è una forma di pensiero e di approccio che coinvolge l'analisi, l'adattamento e l'esecuzione. I fondamenti della tattica costituiscono la base su cui si costruisce la capacità di affrontare sfide complesse con precisione ed efficacia.

Questa prima parte del libro esplora i principi cardine che regolano la tattica, gettando le fondamenta per una comprensione approfondita delle sue applicazioni. Affronteremo concetti fondamentali come la visione a breve termine, l'abilità di reagire rapidamente al cambiamento e il ruolo cruciale della flessibilità. La tattica non è mai statica; è un processo dinamico che richiede una continua revisione e adattamento per rispondere alle esigenze di un ambiente in costante evoluzione.

Un elemento chiave della tattica è la sua stretta connessione con il contesto. Ogni decisione tattica deve essere calibrata sulle circostanze specifiche in cui viene applicata, tenendo conto delle risorse disponibili, delle forze in gioco e delle opportunità che si presentano. Questo implica non solo una profonda comprensione del momento presente, ma anche la capacità di anticipare le conseguenze delle proprie azioni e di adattarsi rapidamente agli sviluppi imprevisti.

In questa parte del libro, esploreremo anche le differenze tra tattica e strategia, un tema che rappresenta il punto di partenza per comprendere il ruolo unico che la tattica svolge nell'insieme più ampio della pianificazione e dell'azione. Se la strategia definisce il "dove" e il "perché," la tattica risponde al "come." Questa distinzione è fondamentale, ma altrettanto lo è il loro rapporto complementare, in cui la tattica diventa il mezzo per realizzare gli obiettivi strategici.

Entreremo inoltre nel dettaglio dei principi universali che guidano la tattica: il valore dell'efficienza, la necessità di minimizzare i rischi e la capacità di sfruttare al massimo le risorse disponibili. Questi principi sono trasversali e applicabili in una vasta gamma di ambiti, dal militare al personale, dal professionale al sociale. Comprenderli e interiorizzarli è il primo passo per diventare non solo un buon tattico, ma un esperto nell'arte dell'esecuzione.

Questa sezione del libro non si limita a fornire conoscenze teoriche, ma mira a stimolare il pensiero critico e ad offrire strumenti pratici per affrontare situazioni reali. È un invito ad abbracciare la complessità, a vedere ogni ostacolo come un'opportunità e a sviluppare la capacità di agire con precisione e creatività. I fondamenti della tattica sono il terreno su cui si costruisce ogni grande impresa. Con questa comprensione di base, si può iniziare a trasformare l'ordinario in straordinario e a dominare le sfide con sicurezza e competenza.

I principi universali della tattica

Adattabilità, tempismo e precisione

I principi universali della tattica si fondano su un equilibrio delicato tra adattabilità, tempismo e precisione, tre pilastri che, insieme, costituiscono la base per un'azione efficace in qualsiasi contesto. Questi principi non sono semplici concetti teorici, ma linee guida essenziali che orientano ogni decisione e ogni movimento, indipendentemente dall'ambito in cui si opera.

L'adattabilità è il primo e forse il più cruciale di questi principi. In un mondo in continuo mutamento, caratterizzato da variabili imprevedibili e da scenari in rapida evoluzione, la capacità di modificare i propri piani in base alle circostanze è ciò che distingue un approccio vincente da uno destinato al fallimento. L'adattabilità non si limita a una reazione passiva agli eventi, ma implica una proattività costante, una predisposizione a anticipare i cambiamenti e a prepararvisi con prontezza. Un buon tattico è colui che sa osservare, interpretare e rispondere con flessibilità, trasformando gli imprevisti in opportunità e mantenendo sempre il controllo della situazione.

Il tempismo, il secondo principio fondamentale, è ciò che dà valore e significato all'azione. Una decisione tattica può essere impeccabile nella concezione, ma se viene eseguita nel momento sbagliato, rischia di perdere completamente la sua efficacia. Il tempismo è l'arte di cogliere l'attimo, di sapere esattamente quando agire per massimizzare l'impatto e minimizzare i rischi. Questa qualità richiede un'acuta sensibilità al contesto, un'attenzione costante ai segnali che indicano il momento giusto per muoversi e, spesso, una buona dose di coraggio nel prendere decisioni rapide e decisive.

La precisione, infine, rappresenta l'elemento che trasforma l'intenzione in risultato. Agire con precisione significa non solo sapere cosa fare, ma farlo nel modo più efficace possibile, concentrando le risorse e gli sforzi nei punti cruciali. La precisione richiede competenza, attenzione ai dettagli e una chiara visione degli obiettivi da raggiungere. È il contrario della dispersione e dell'approssimazione; è l'abilità di canalizzare ogni azione verso un risultato specifico, evitando sprechi e massimizzando l'efficienza.

Questi tre principi non operano in isolamento, ma si intrecciano e si rafforzano reciprocamente. L'adattabilità consente di affrontare situazioni impreviste con prontezza; il tempismo garantisce che ogni azione sia intrapresa nel momento più propizio; la precisione assicura che ogni sforzo sia diretto nel modo più efficace. Insieme, costituiscono una triade inscindibile, una formula che, quando applicata correttamente, permette di affrontare con successo le sfide più complesse.

La loro applicazione richiede un allenamento continuo e una consapevolezza costante delle dinamiche in atto. Non sono principi che si apprendono una volta per tutte, ma competenze che si affinano nel tempo, attraverso l'esperienza e la riflessione. In ogni contesto, che sia una battaglia sul campo, una negoziazione in una sala riunioni o una decisione personale, l'adattabilità, il tempismo e la precisione rappresentano le fondamenta su cui costruire un'azione efficace e vincente.

La gestione delle risorse e delle priorità

La gestione delle risorse e delle priorità è un aspetto fondamentale dell'arte tattica, poiché rappresenta il fulcro intorno al quale ruotano tutte le decisioni operative. In ogni contesto, le risorse a disposizione sono limitate: tempo, denaro, persone, strumenti o energia. La capacità di identificare, allocare e utilizzare queste risorse in modo efficiente determina il successo o il fallimento di qualsiasi azione tattica.

La prima sfida nella gestione delle risorse consiste nell'identificazione accurata di ciò che è disponibile. Ogni risorsa, per quanto apparentemente modesta, può rivelarsi cruciale se impiegata nel modo giusto. Questo richiede una valutazione onesta e dettagliata di ciò che si ha a disposizione e una chiara comprensione delle potenzialità e dei limiti di ciascuna risorsa. Ignorare o sottovalutare una risorsa può portare a sprechi inutili o a opportunità mancate.

Definire le priorità è il passo successivo e complementare alla gestione delle risorse. Non tutte le azioni o gli obiettivi hanno lo stesso peso; alcuni sono essenziali per il successo complessivo, mentre altri sono secondari o addirittura superflui. Stabilire cosa sia più importante richiede una capacità di giudizio affinata e una visione chiara degli obiettivi finali. Questa fase implica inevitabilmente delle rinunce, poiché concentrarsi sulle priorità principali spesso significa accettare di lasciare in secondo piano altre attività.

Una volta definite le priorità, è fondamentale garantire che le risorse siano allocate in modo strategico per massimizzare il loro impatto. Ogni risorsa deve essere diretta verso le aree di maggiore necessità o opportunità. Questo processo non è statico, ma dinamico: le priorità possono cambiare nel tempo, così come la disponibilità delle risorse. Una gestione efficace richiede quindi una continua revisione e adattamento, assicurandosi che le risorse siano costantemente orientate verso ciò che conta di più in quel momento.

Un elemento critico della gestione delle risorse e delle priorità è la capacità di mantenere un equilibrio tra efficienza e flessibilità. Concentrarsi esclusivamente sull'efficienza può portare a un sistema troppo rigido, incapace di adattarsi a cambiamenti imprevisti. Al contrario, un eccesso di flessibilità senza una chiara definizione delle priorità può risultare in uno spreco di risorse e in un'azione disorganizzata. L'arte sta nel bilanciare questi due aspetti, mantenendo un focus chiaro sugli obiettivi ma rimanendo pronti a riorientarsi quando necessario.

Infine, una gestione efficace delle risorse e delle priorità richiede una comunicazione chiara e trasparente con tutte le parti coinvolte. Che si tratti di un team, di una comunità o di un individuo, è essenziale che tutti comprendano quali siano le risorse disponibili, come vengono allocate e quali siano le priorità. Questo non solo favorisce la coesione e la collaborazione, ma aumenta anche la probabilità di successo, poiché tutti sono allineati verso un obiettivo comune.

In ogni ambito della tattica, dalla gestione di un progetto al superamento di una crisi personale, la capacità di gestire risorse e priorità è ciò che consente di affrontare le sfide in modo organizzato e strategico, trasformando le limitazioni in opportunità e garantendo il massimo rendimento da ogni azione intrapresa.

Pensiero tattico

Come sviluppare una mentalità flessibile e analitica

Il pensiero tattico rappresenta l'abilità di affrontare situazioni complesse con una mentalità flessibile e analitica, capace di adattarsi alle circostanze in evoluzione e di individuare le soluzioni più efficaci. Questa forma di pensiero non si limita all'immediatezza della reazione, ma si basa su un processo articolato che unisce l'analisi razionale all'intuizione creativa, mirando a ottenere il massimo risultato possibile con le risorse disponibili.

Lo sviluppo di una mentalità tattica inizia con l'osservazione. Per prendere decisioni informate, è essenziale avere una visione chiara e completa della situazione. Questo richiede una costante raccolta di informazioni e la capacità di distinguere i dettagli rilevanti da quelli superflui. Un pensatore tattico è attento ai segnali, consapevole delle dinamiche in gioco e pronto a identificare opportunità o minacce, anche quando queste si presentano in modo sottile o ambiguo.

L'analisi delle informazioni è il passo successivo. La capacità analitica consente di scomporre situazioni complesse in elementi più semplici, valutando le interazioni tra i vari fattori e prevedendo le possibili conseguenze delle diverse azioni. Questo processo implica una riflessione critica, che non si limita a considerare le opzioni più evidenti ma esplora anche scenari alternativi. La mentalità analitica è, infatti, caratterizzata dalla capacità di pensare in termini di probabilità e di ponderare vantaggi e rischi con lucidità.

La flessibilità, tuttavia, è ciò che distingue un pensiero tattico veramente efficace. In un contesto dinamico, i piani più dettagliati possono diventare obsoleti in un istante. La rigidità mentale è nemica del successo tattico, poiché impedisce di adattarsi ai cambiamenti e di sfruttare le opportunità che si presentano. La flessibilità non significa abbandonare la disciplina, ma saper integrare nuove informazioni e ricalibrare le proprie azioni quando necessario, mantenendo sempre chiaro l'obiettivo finale.

Un elemento cruciale del pensiero tattico è la gestione del tempo. La rapidità con cui si analizzano le informazioni, si prendono decisioni e si passa all'azione può fare la differenza tra il successo e il fallimento. Questo richiede non solo velocità di pensiero, ma anche la capacità di mantenere la calma sotto pressione, evitando decisioni impulsive o affrettate. La padronanza del tempo è quindi un tratto distintivo del pensatore tattico, che sa quando agire e quando attendere, calibrando ogni movimento in funzione delle circostanze.

Infine, il pensiero tattico si alimenta dell'esperienza e dell'apprendimento continuo. Ogni situazione affrontata, sia essa un successo o un insuccesso, offre lezioni preziose che arricchiscono il bagaglio cognitivo del tattico. La riflessione post-azione consente di affinare le proprie capacità analitiche e di sviluppare un istinto sempre più raffinato, rendendo il pensiero tattico non solo una competenza, ma una vera e propria attitudine.

In ogni ambito della vita, dal personale al professionale, sviluppare una mentalità flessibile e analitica è ciò che permette di affrontare le sfide con intelligenza e resilienza. Il pensiero tattico non è solo un insieme di tecniche, ma uno stile di vita, un modo di vedere il mondo attraverso una lente strategica, capace di trasformare le complessità in opportunità di successo.

L'importanza del problem-solving

Il problem-solving rappresenta una delle competenze più preziose nella pratica tattica, essendo il processo attraverso il quale si identificano, analizzano e risolvono le difficoltà con efficacia. La capacità di affrontare i problemi non è solo un requisito operativo, ma un'abilità che definisce il successo in qualsiasi ambito, da quello militare e aziendale a quello personale e relazionale.

L'importanza del problem-solving risiede nella sua natura universale: ogni contesto, infatti, presenta inevitabilmente situazioni di incertezza, conflitto o ostacolo. La differenza tra chi ha successo e chi fallisce non risiede nell'assenza di problemi, ma nella capacità di affrontarli in modo organizzato e proattivo. Il problem-solving è, in questo senso, una disciplina che unisce logica, creatività e capacità decisionale.

Un aspetto cruciale del problem-solving è la definizione chiara del problema. Spesso, le difficoltà non vengono affrontate efficacemente perché non sono state comprese nella loro vera natura. Distinguere i sintomi dalle cause, isolare gli elementi critici e formulare il problema in termini precisi rappresenta il primo passo verso la soluzione. Questo processo richiede una mente analitica, capace di esaminare la situazione con oggettività e senza pregiudizi.

Successivamente, il problem-solving implica l'analisi delle opzioni disponibili. Non esiste quasi mai una singola soluzione perfetta; il compito del tattico è quello di valutare le alternative considerando i vincoli esistenti e gli obiettivi da raggiungere. Questo passaggio richiede un equilibrio tra razionalità e creatività: da un lato, bisogna seguire un processo logico per evitare errori, dall'altro, è fondamentale pensare in modo innovativo per individuare soluzioni non convenzionali.

Un altro elemento chiave del problem-solving è la gestione del rischio. Ogni decisione comporta incertezze e potenziali conseguenze indesiderate. Valutare i rischi in modo accurato e prepararvi delle contromisure rappresenta un segno distintivo di un approccio tattico efficace. Non si tratta di evitare i rischi, ma di affrontarli con consapevolezza, bilanciando i potenziali benefici con le possibili perdite.

Infine, il problem-solving non si conclude con l'implementazione della soluzione. Il monitoraggio dei risultati e la valutazione dell'efficacia delle azioni intraprese sono essenziali per garantire che il problema sia stato risolto in modo adeguato. Questo processo di feedback consente non solo di correggere eventuali errori, ma anche di apprendere dalle esperienze per affrontare in futuro situazioni simili con maggiore competenza.

L'importanza del problem-solving va oltre la risoluzione delle difficoltà immediate: esso contribuisce a sviluppare una mentalità resiliente e proattiva, capace di trasformare gli ostacoli in opportunità di crescita. Nel contesto tattico, il problem-solving non è solo un'abilità operativa, ma un approccio che definisce l'intera filosofia d'azione, guidando il tattico verso scelte ponderate, adattabili e orientate al successo.

Il ruolo della pianificazione tattica

La preparazione come chiave del successo

La pianificazione tattica è il fondamento su cui si costruiscono azioni efficaci e coordinate, ed è universalmente riconosciuta come una delle chiavi del successo in qualsiasi ambito. La preparazione accurata permette di affrontare le sfide con maggiore sicurezza, riducendo l'impatto dell'imprevisto e massimizzando l'efficacia delle risorse a disposizione.

Il ruolo della pianificazione tattica è strettamente legato alla capacità di prevedere scenari futuri e di organizzare risposte adeguate. In questo processo, l'anticipazione gioca un ruolo cruciale. Prevedere possibili ostacoli o opportunità consente di definire strategie operative che non si limitano a reagire agli eventi, ma li affrontano in modo proattivo. La pianificazione, quindi, non è solo un esercizio teorico, ma un'attività pratica che mira a rendere l'esecuzione delle azioni il più fluida ed efficace possibile.

La preparazione nella pianificazione tattica si manifesta attraverso l'identificazione di obiettivi chiari e realistici. Senza una meta ben definita, qualsiasi sforzo rischia di essere dispersivo o inefficace. Gli obiettivi non sono solo un punto di riferimento, ma fungono da guida per tutte le decisioni successive, assicurando che ogni azione sia orientata verso un risultato concreto.

Un altro aspetto fondamentale è la gestione delle risorse. La pianificazione tattica permette di allocare tempo, energia e strumenti in modo ottimale, evitando sprechi e garantendo che ogni elemento disponibile venga utilizzato nel momento e nel modo più opportuno. Questo è particolarmente importante in contesti caratterizzati da scarsità di risorse, dove la capacità di pianificare fa la differenza tra successo e fallimento.

La pianificazione tattica, inoltre, richiede un'attenta considerazione delle variabili esterne. I fattori ambientali, sociali e contestuali influenzano significativamente l'esito delle azioni e devono essere integrati nel processo di preparazione. Un piano efficace tiene conto di questi elementi, adattandosi alla realtà in cui verrà implementato, senza perdere di vista l'obiettivo principale.

Infine, la pianificazione tattica non deve essere vista come un processo statico. Al contrario, essa richiede flessibilità e disponibilità a rivedere le decisioni iniziali in risposta a nuove informazioni o cambiamenti nelle circostanze. Una pianificazione rigida può portare a errori o inefficienze, mentre un approccio dinamico consente di mantenere il controllo anche in situazioni impreviste.

In sintesi, la pianificazione tattica è molto più di un semplice strumento operativo: è un processo di riflessione strategica che prepara il terreno per l'azione, assicurando che ogni passo sia mirato, coordinato e adattabile. La preparazione rappresenta, dunque, la differenza tra agire con consapevolezza e precisione o reagire in modo impulsivo e disorganizzato, confermando il suo ruolo centrale nel raggiungimento del successo.

Definizione degli obiettivi e delle azioni

La definizione degli obiettivi e delle azioni è il cuore pulsante della pianificazione tattica e rappresenta il punto di partenza per qualsiasi attività operativa mirata. Senza obiettivi chiari, qualsiasi azione rischia di essere inefficace o priva di direzione, mentre una definizione precisa delle azioni consente di orientare le risorse in modo mirato, aumentando le probabilità di successo.

Gli obiettivi sono la direzione verso cui tutte le azioni devono convergere. La loro definizione richiede una comprensione approfondita delle finalità da raggiungere, ma anche delle circostanze in cui queste si inseriscono. Gli obiettivi non devono essere astratti o vaghi, ma devono essere concreti e misurabili, in modo da poter essere verificati e monitorati durante l'esecuzione del piano. In un contesto tattico, ciò implica un allineamento tra la visione strategica a lungo termine e le necessità immediate, garantendo che ogni passo compiuto contribuisca direttamente al risultato finale.

Un obiettivo ben definito deve possedere alcune caratteristiche fondamentali, come la specificità, la misurabilità, il raggiungimento realistico, la rilevanza e la temporalità. Questi criteri, conosciuti come SMART (Specific, Measurable, Achievable, Relevant, Time-bound), sono applicabili a qualsiasi tipo di obiettivo, dal più semplice al più complesso. La specificità implica che l'obiettivo sia chiaro e preciso; la misurabilità consente di verificarne i progressi; l'ottenibilità garantisce che sia realizzabile con le risorse disponibili; la rilevanza assicura che l'obiettivo sia pertinente rispetto alle priorità complessive, e la temporalità stabilisce una scadenza per il suo raggiungimento.

Una volta definiti gli obiettivi, la pianificazione tattica deve tradurli in azioni concrete e organizzate. Le azioni sono i passi pratici da intraprendere per raggiungere gli obiettivi, e ogni azione deve essere allineata con la visione strategica, ma anche dettagliata e realizzabile. Ogni compito, ogni movimento deve essere valutato con attenzione, in modo da ottimizzare l'impiego delle risorse e minimizzare i rischi.

Inoltre, l'implementazione di un piano d'azione efficace richiede una gestione attenta delle priorità. Non tutte le azioni hanno la stessa importanza o urgenza, e stabilire una gerarchia tra di esse è essenziale per non disperdere energie in attività non decisive. La capacità di prendere decisioni rapide riguardo a quali azioni intraprendere prima e quali posticipare è una delle competenze distintive di un tattico esperto. La divisione delle azioni in fasi e la capacità di adattarsi a situazioni mutevoli sono determinanti per l'efficacia complessiva.

Infine, una parte cruciale della definizione degli obiettivi e delle azioni è la costante revisione e adattamento. L'ambiente operativo può cambiare improvvisamente, e la capacità di rivedere gli obiettivi e modificare le azioni in risposta a nuove informazioni è ciò che distingue un piano vincente da uno destinato al fallimento. La flessibilità e la capacità di correggere la rotta sono elementi che devono essere integrati fin dall'inizio della pianificazione.

In conclusione, la definizione chiara degli obiettivi e delle azioni è essenziale per una pianificazione tattica di successo. Solo quando ogni fase del piano è ben delineata e interconnessa agli altri passaggi, e quando gli obiettivi sono specifici e misurabili, si ha la certezza che le risorse vengano utilizzate nel modo più efficace possibile.

La gestione dell'incertezza

Affrontare l'imprevisto: tattiche reattive

La gestione dell'incertezza è una delle sfide più complesse nella tattica, poiché gli imprevisti sono inevitabili e inevitabilmente alterano il corso delle azioni pianificate. Sebbene la preparazione e la pianificazione siano elementi essenziali per garantire il successo, nessun piano può prevedere ogni possibile variabile. La tattica, quindi, deve essere anche reattiva, capace di adattarsi e rispondere a eventi imprevedibili con rapidità ed efficacia. Affrontare l'incertezza richiede una mentalità flessibile e una serie di tecniche che consentano di ridurre al minimo i danni e, quando possibile, trasformare gli imprevisti in opportunità.

Le tattiche reattive sono quelle strategie che entrano in gioco quando un evento imprevisto interrompe l'ordine pianificato. Queste tattiche si fondano sulla capacità di adattarsi rapidamente alla situazione, senza perdere il focus sugli obiettivi principali. Reagire agli imprevisti non significa solo cercare di risolvere il problema in tempo reale, ma anche mantenere la calma e analizzare rapidamente l'ambiente circostante. La reazione immediata, in questi casi, deve essere preceduta da una valutazione delle risorse disponibili e dalle possibili conseguenze delle azioni intraprese.

Una delle prime tecniche da applicare in risposta a un imprevisto è il "controllo del danno". In molte situazioni, quando un imprevisto si presenta, l'obiettivo primario diventa minimizzare le perdite. Questo implica una valutazione rapida delle opzioni disponibili e l'adozione della soluzione meno dannosa, anche se non sempre la più vantaggiosa. Controllare il danno significa ridurre la portata del problema, evitando che la situazione degeneri ulteriormente, e preservare le risorse per azioni successive.

Parallelamente, un altro aspetto cruciale della gestione dell'incertezza è la capacità di agire sotto pressione. In molte circostanze, gli imprevisti si verificano in momenti di alta tensione, quando il tempo per prendere decisioni è limitato. Essere in grado di agire velocemente, senza farsi sopraffare dall'emotività, è essenziale. La lucidità mentale, unita alla preparazione, consente di prendere decisioni informate anche in condizioni di stress. La capacità di prendere decisioni rapide non significa affrettarsi a fare qualcosa, ma piuttosto valutare rapidamente le opzioni, agire con determinazione e monitorare l'evoluzione della situazione.

Un altro aspetto importante della gestione dell'incertezza è la flessibilità. Essere flessibili nelle azioni e nelle decisioni permette di modificare il piano in tempo reale e di reagire in modo efficace agli imprevisti. L'approccio flessibile è spesso il più vantaggioso, poiché consente di adattarsi a nuove informazioni, cambiamenti improvvisi o nuovi sviluppi. La flessibilità implica anche la capacità di fare affidamento su risorse alternative, quando quelle pianificate non sono più disponibili. Essere pronti a cambiare direzione o a ridefinire gli obiettivi a breve termine può fare la differenza tra il successo e il fallimento.

Infine, una tecnica importante nella gestione dell'incertezza è l'apprendimento continuo. Ogni imprevisto offre un'opportunità di crescita e miglioramento. Analizzare la causa dell'imprevisto, valutare come è stata gestita la situazione e imparare da eventuali errori o successi consente di affinare la propria capacità di reagire a situazioni future simili. Ogni esperienza, positiva o negativa, arricchisce il bagaglio di conoscenze e competenze necessarie per affrontare l'incertezza in modo sempre più competente ed efficace.

In sintesi, affrontare l'imprevisto e gestire l'incertezza richiede una combinazione di preparazione, reattività, flessibilità e apprendimento continuo. Sebbene non si possa eliminare completamente il rischio di eventi imprevisti, sviluppare la capacità di reagire rapidamente e in modo informato rappresenta la chiave per mantenere il controllo della situazione e per minimizzare gli effetti negativi di queste incertezze. La tattica reattiva, se applicata con saggezza, può trasformare un potenziale fallimento in un'opportunità per ottenere risultati positivi anche nelle circostanze più difficili.

Come trasformare gli ostacoli in opportunità

Trasformare gli ostacoli in opportunità è una delle competenze più potenti e distintive che un tattico possa sviluppare. Gli ostacoli, sebbene inizialmente possano sembrare imponenti o insormontabili, offrono spesso la possibilità di migliorarsi, innovare o ottenere vantaggi inaspettati. La chiave sta nel cambiare la propria percezione dell'ostacolo e nell'adottare un approccio proattivo che ne sfrutti le potenzialità nascoste.

Il primo passo per trasformare un ostacolo in un'opportunità è cambiare la prospettiva mentale. Quando ci si trova di fronte a una difficoltà, la reazione naturale potrebbe essere quella di sentirsi sopraffatti o frustrati. Tuttavia, i più grandi successi derivano spesso da momenti di difficoltà. Guardare l'ostacolo non come una barriera insormontabile, ma come una sfida che può portare a una soluzione innovativa, è il primo passo fondamentale per iniziare a trasformarlo in un'opportunità. Un'ottica orientata alla crescita è essenziale: vedere il problema come una risorsa che stimola l'ingegno, piuttosto che come un impedimento che blocca ogni possibilità.

Un altro passo fondamentale è la capacità di analizzare in modo critico l'ostacolo stesso. Spesso, gli ostacoli non sono monolitici o definitivi, ma sono costituiti da elementi che possono essere modificati, aggirati o affrontati in maniera diversa. Analizzare le radici del problema, capire se è possibile modificarne l'approccio o trovare una via alternativa per aggirarlo, consente di sbloccare nuove possibilità. Questo processo implica anche una grande capacità di problem-solving, poiché bisogna essere in grado di scomporre l'ostacolo nelle sue componenti più semplici, per poi cercare soluzioni creative e innovative.

La trasformazione di un ostacolo in un'opportunità richiede anche una certa dose di resilienza. La resilienza non significa ignorare la difficoltà o fare finta che non esista, ma piuttosto avere la forza di affrontarla con determinazione. Essere resiliente implica essere disposti a sperimentare, a fallire temporaneamente e a rialzarsi. Spesso, gli ostacoli offrono lezioni che ci permettono di crescere, e la resilienza consente di imparare da ogni esperienza, migliorando la propria capacità di affrontare situazioni simili in futuro.

Un altro aspetto importante è la capacità di adattarsi e di essere flessibili. Gli ostacoli ci costringono a cambiare i piani, a rivedere le priorità e, in molti casi, a modificare la nostra strategia. Essere flessibili ci permette di adattare il nostro comportamento alle nuove circostanze e di trasformare ciò che inizialmente potrebbe sembrare una perdita in una vittoria. La flessibilità ci consente di trovare nuove vie e alternative che non avevamo preso in considerazione prima, a volte proprio a causa del cambiamento imposto dall'ostacolo.

Infine, un altro aspetto fondamentale nel processo di trasformazione degli ostacoli in opportunità è la capacità di innovare. Gli ostacoli, forzando il cambiamento, creano l'ambiente perfetto per l'innovazione. Quando un approccio tradizionale non funziona, la necessità di risolvere il problema porta a esplorare nuove idee e soluzioni non convenzionali. Molte innovazioni nascono proprio dalle difficoltà che costringono a ripensare il modo di fare le cose. Quindi, ogni ostacolo può essere visto come un terreno fertile per l'invenzione di nuove metodologie, tecniche e strategie.

In sintesi, trasformare un ostacolo in un'opportunità richiede una combinazione di cambiamento di prospettiva, capacità analitiche, resilienza, flessibilità e innovazione. Gli ostacoli non sono fini a se stessi, ma sono momenti di crescita e sfide che, se affrontate con la giusta mentalità e strumenti, possono portare a risultati migliori di quelli che avremmo ottenuto senza di essi. In definitiva, la tattica consiste proprio nel saper sfruttare ogni difficoltà come un'opportunità per evolversi, migliorarsi e progredire verso gli obiettivi.

Parte II: Applicazioni della Tattica

La tattica non è un concetto astratto, ma un'arte che si concretizza in vari ambiti della vita quotidiana e professionale. Mentre la teoria tattica fornisce i fondamenti, è nelle sue applicazioni pratiche che la sua vera potenza emerge. Ogni contesto, che si tratti della gestione di una squadra sportiva, della risoluzione di conflitti o della navigazione nel panorama geopolitico, richiede una lettura accurata della situazione e una risposta tempestiva ed efficace. La parte II di questo libro esplora le molteplici applicazioni della tattica, esaminando come i principi fondamentali possano essere adattati e implementati in diverse aree, con l'obiettivo di ottenere risultati tangibili e duraturi.

Dalla tattica militare, che richiede la capacità di prevedere le mosse del nemico e di agire con tempestività e precisione, alla tattica sportiva, che implica la gestione delle risorse fisiche e mentali in un contesto competitivo, ogni ambito porta con sé sfide uniche. Le dinamiche aziendali, con il loro rapido cambiamento e la necessità di prendere decisioni strategiche sotto pressione, richiedono un'altra applicazione delle leggi tattiche. Così come le relazioni interpersonali, che possono essere viste come una forma di gioco tattico in cui ogni mossa deve essere ponderata con attenzione.

Questa sezione si concentra proprio su queste applicazioni pratiche, fornendo esempi concreti e strategie collaudate che ogni individuo può utilizzare per migliorare le proprie capacità di decisione, risolvere problemi complessi e affrontare le sfide quotidiane con maggiore consapevolezza e successo. Il lettore sarà guidato attraverso scenari in cui la tattica diventa il mezzo per prevalere, per ottimizzare risorse e per creare vantaggi competitivi, in ogni campo dell'attività umana. La tattica, infatti, è la chiave per una gestione efficace delle difficoltà e per l'orientamento verso il raggiungimento degli obiettivi, qualunque essi siano.

Tattica militare: lezioni dalla storia

Esempi storici di successo e fallimento

La tattica militare rappresenta uno dei primi e più evidenti campi di applicazione della scienza tattica. Attraverso i secoli, le campagne militari hanno fornito esempi lampanti di come l'uso sapiente della tattica possa determinare la vittoria anche di fronte a forze superiori o risorse limitate. Allo stesso tempo, errori tattici fondamentali hanno spesso condotto alla sconfitta, persino quando il vantaggio sembrava insormontabile. Studiare le lezioni della storia militare offre un'opportunità unica per comprendere i principi della tattica e il loro impatto nelle situazioni reali.

Uno degli insegnamenti più ricorrenti riguarda l'importanza dell'adattamento alle circostanze. I comandanti che hanno saputo leggere rapidamente il terreno, comprendere i limiti e i punti di forza del proprio esercito e anticipare le mosse del nemico, sono spesso riusciti a trasformare situazioni apparentemente sfavorevoli in trionfi. La battaglia di Cannae, condotta da Annibale contro i Romani, è un esempio classico: sfruttando un accerchiamento tattico, Annibale ribaltò uno scontro contro forze numericamente superiori, dimostrando come il posizionamento strategico e la sorpresa possano ribaltare il corso di una battaglia.

Al contrario, la rigidità nell'applicazione delle tattiche è stata causa di rovina per molti eserciti. La guerra di Crimea, ad esempio, ha evidenziato come l'ostinazione nel seguire piani predefiniti, nonostante il cambiamento delle circostanze, porti a disastri. La famosa carica della Brigata Leggera rappresenta una lezione eloquente di come un errore tattico, derivante da incomprensioni e cattiva pianificazione, possa risultare in perdite devastanti. Questo esempio sottolinea l'importanza della comunicazione chiara e della flessibilità nell'esecuzione dei piani.

Un altro principio fondamentale che emerge dalle lezioni della storia è l'importanza del tempismo. Il momento in cui una tattica viene eseguita può determinarne il successo o il fallimento. Durante la Seconda Guerra Mondiale, il successo dello sbarco in Normandia si basò in gran parte sul coordinamento temporale e sulla capacità di agire rapidamente per stabilire una testa di ponte prima che le forze tedesche potessero organizzare una risposta efficace. Questo dimostra come la prontezza nell'azione e la capacità di cogliere il momento giusto siano essenziali per il successo tattico.

Tuttavia, non bisogna sottovalutare il ruolo del fallimento come fonte di apprendimento. Le sconfitte militari spesso evidenziano lacune nella preparazione o errori di giudizio che possono essere evitati in futuro. La disastrosa campagna napoleonica in Russia, caratterizzata da una logistica inadeguata e dalla sottovalutazione del clima e della resistenza locale, è un monito sui rischi dell'eccessiva fiducia e della mancata pianificazione. Questi errori hanno fornito lezioni dure, ma preziose, sull'importanza di considerare tutti i fattori, anche quelli apparentemente secondari, nella formulazione di una tattica.

In definitiva, la tattica militare dimostra come il successo dipenda dalla combinazione di analisi, pianificazione e capacità di adattamento. Ogni epoca ha fornito esempi di maestria tattica che restano rilevanti anche oggi, non solo in ambito militare ma in qualsiasi campo in cui la tattica viene applicata. Studiare questi esempi permette di comprendere che, sebbene i contesti possano cambiare, i principi fondamentali della tattica rimangono universali e senza tempo.

L'arte dell'inganno e dell'imprevisto

Nella storia della tattica, pochi elementi si rivelano tanto potenti quanto l'inganno e la capacità di sfruttare l'imprevisto. Questi strumenti rappresentano l'essenza della tattica intesa come un'arte che trascende il semplice utilizzo di forza o risorse, entrando nel dominio del pensiero creativo e dell'anticipazione delle mosse altrui. L'inganno e l'imprevisto non sono solo mezzi per colmare divari di forza, ma diventano armi sofisticate per ribaltare il corso degli eventi e assicurarsi un vantaggio strategico.

L'inganno, nella sua forma più pura, mira a manipolare le percezioni dell'avversario, facendogli credere ciò che non è reale o nascondendo ciò che è. Nella storia militare, gli esempi abbondano. La celebre operazione di Ulisse durante la guerra di Troia, con il cavallo di legno lasciato come apparente dono di resa, è un archetipo senza tempo di questa tattica. Gli avversari troiani, sedotti dall'illusione di una vittoria facile, abbassarono la guardia, aprendo le porte della città al nemico. Questo esempio sottolinea come l'inganno non sia semplicemente una forma di astuzia, ma un elemento cardine della tattica che sfrutta la fiducia e il desiderio dell'avversario.

L'uso dell'inganno si estende anche alle tattiche più moderne, dove la disinformazione e le manovre diversive giocano un ruolo cruciale. Durante la Seconda Guerra Mondiale, le operazioni di depistaggio messe in atto prima dello sbarco in Normandia, che convinsero le forze tedesche che l'invasione principale sarebbe avvenuta altrove, rappresentano un esempio di inganno strategico che si traduce in un successo tattico decisivo. Ciò dimostra come l'inganno possa essere pianificato con precisione e richieda un'approfondita comprensione della psicologia dell'avversario.

Parallelamente, l'imprevisto opera come un alleato naturale dell'inganno. In questo caso, non si tratta di ingannare direttamente l'avversario, ma di agire in modo tale da introdurre elementi di sorpresa che lo costringano a reagire impulsivamente o a rivelare vulnerabilità. La sorpresa tattica non si basa solo sull'inaspettato, ma sul sapere quando e come introdurlo per massimizzare il suo impatto.

Un esempio iconico di sorpresa tattica è l'attacco a Pearl Harbor nel 1941. Sebbene moralmente controverso e con conseguenze a lungo termine per chi lo orchestrò, l'azione giapponese dimostrò l'efficacia di una mossa sorprendente che colse di sorpresa un avversario apparentemente inavvicinabile. La lezione che ne deriva è duplice: da un lato, la sorpresa può essere devastante, ma dall'altro, i rischi di tale approccio devono essere attentamente valutati per evitare contraccolpi imprevisti.

Infine, l'arte dell'inganno e dell'imprevisto richiede non solo abilità di esecuzione ma anche un'acuta consapevolezza delle dinamiche in gioco. Non è sufficiente essere imprevedibili o ingannare: occorre che queste tattiche siano integrate in un piano complessivo, dove il loro utilizzo sia bilanciato da una chiara comprensione degli obiettivi e dei rischi associati. Quando padroneggiati, l'inganno e l'imprevisto non solo disorientano l'avversario, ma lo costringono a giocare secondo le regole di chi ha saputo manovrare con astuzia e lungimiranza.

Tattica sportiva: vincere sul campo

La tattica nelle squadre e negli sport individuali

La tattica sportiva è un elemento cruciale per il successo, sia negli sport di squadra che in quelli individuali. In un contesto dove il talento e l'abilità tecnica possono apparire come i fattori principali di vittoria, è spesso la capacità di adottare e adattare una tattica efficace a fare la differenza tra il trionfo e la sconfitta. La tattica nello sport non si limita alla pianificazione pre-gara: è un processo dinamico, che si sviluppa in risposta alle condizioni del momento, alle mosse dell'avversario e ai cambiamenti di contesto.

Negli sport di squadra, la tattica assume un ruolo centrale nella coordinazione dei membri del gruppo. Ogni squadra è una macchina complessa in cui ogni giocatore rappresenta un ingranaggio, e il successo dipende dalla sincronizzazione delle loro azioni. Un esempio classico è l'organizzazione difensiva: una linea ben strutturata, in grado di anticipare i movimenti dell'avversario, può arginare anche le offensive più temibili. La tattica di pressing alto, che richiede un coordinamento impeccabile tra i reparti per recuperare rapidamente il possesso, è un'illustrazione di come la strategia possa essere tradotta in azione sul campo. Tuttavia, tale tattica è efficace solo quando gli atleti comprendono e applicano perfettamente i principi di spazio, tempismo e collaborazione.

Allo stesso modo, l'attacco necessita di una pianificazione tattica che massimizzi l'efficacia delle risorse disponibili. Le squadre che sanno alternare momenti di attesa a rapide transizioni offensive spesso mettono in crisi gli avversari, costringendoli a un continuo adattamento. Non è raro che partite equilibrate vengano decise da piccole variazioni tattiche, come un cambio di modulo o un improvviso cambio di ritmo, che colgono gli avversari impreparati. Questo sottolinea il ruolo cruciale dell'allenatore come stratega e adattatore durante la competizione.

Negli sport individuali, la tattica si concentra sulla gestione di sé stessi e del proprio avversario. Qui, l'atleta deve bilanciare le proprie forze e debolezze con una valutazione continua delle condizioni in cui compete. In una gara di corsa, per esempio, il controllo del ritmo e la scelta del momento giusto per accelerare sono decisioni tattiche che possono influire pesantemente sull'esito. Allo stesso modo, negli sport di combattimento, il controllo dello spazio e la lettura delle intenzioni dell'avversario sono aspetti tattici che richiedono intuito, preparazione e capacità di adattamento.

Un elemento chiave della tattica sportiva è la capacità di mantenere la calma e la concentrazione sotto pressione. Quando la posta in gioco è alta, la capacità di seguire il piano tattico originale o di modificarlo rapidamente può essere compromessa dall'emotività. Gli atleti e le squadre di successo sono quelli che riescono a eseguire le loro tattiche con disciplina, anche nei momenti critici, trasformando l'energia emotiva in determinazione e lucidità.

La tattica nello sport non si limita a ciò che accade durante la gara. Una preparazione meticolosa, che include l'analisi degli avversari, la simulazione di scenari e la messa a punto di schemi e strategie, è fondamentale per affrontare ogni competizione con un piano chiaro e ben studiato. Tuttavia, ciò che distingue i grandi tattici dagli altri è la capacità di adattarsi all'inaspettato. La flessibilità tattica consente di trasformare una situazione sfavorevole in un'opportunità, sfruttando errori, vulnerabilità o condizioni impreviste.

In definitiva, la tattica sportiva rappresenta la fusione di preparazione, intuito e capacità decisionale. Non è solo una questione di schemi o tecniche, ma di comprensione profonda delle dinamiche del gioco e di una continua ricerca dell'eccellenza. In ogni sport, indipendentemente dalla disciplina, la tattica è il filo invisibile che collega la pianificazione all'esecuzione, trasformando il potenziale in risultato.

Il ruolo della psicologia nella competizione

La psicologia gioca un ruolo cruciale nella competizione, rappresentando un elemento spesso sottovalutato ma determinante per il successo. Mentre abilità tecniche e preparazione fisica sono requisiti fondamentali, la dimensione mentale è ciò che spesso distingue i vincitori da chi non riesce a raggiungere i propri obiettivi. La mente è sia un'arma che un campo di battaglia, e la capacità di padroneggiare i propri pensieri, emozioni e comportamenti sotto pressione può fare la differenza nei momenti decisivi.

La psicologia nella competizione si manifesta in molteplici aspetti. Uno dei più rilevanti è la gestione dello stress e dell'ansia. La pressione di una gara importante, la paura di fallire o il timore dell'avversario possono erodere la concentrazione e influire negativamente sulle prestazioni. Atleti e concorrenti che riescono a rimanere calmi e focalizzati, trasformando l'ansia in energia positiva, dimostrano una padronanza mentale che spesso si traduce in un vantaggio competitivo. Questa capacità non è innata, ma si sviluppa attraverso allenamento mentale, tecniche di rilassamento e una preparazione psicologica adeguata.

Un altro aspetto fondamentale è la resilienza mentale, ovvero la capacità di affrontare e superare le avversità. La competizione, in qualsiasi ambito, è raramente lineare; è piuttosto caratterizzata da momenti di difficoltà, errori e battute d'arresto. La capacità di recuperare rapidamente dopo un errore, di rimanere motivati nonostante le difficoltà e di adattarsi alle situazioni impreviste è una qualità che distingue i grandi competitor. Questa resilienza si basa su una combinazione di autostima, consapevolezza delle proprie capacità e un atteggiamento mentale orientato alla soluzione piuttosto che al problema.

La psicologia della competizione include anche l'aspetto dell'auto-motivazione. Spesso, ciò che spinge un atleta o un concorrente a eccellere non è solo il desiderio di vincere, ma anche una profonda passione per ciò che fa, un senso di scopo e la capacità di fissare obiettivi significativi. La motivazione intrinseca, che deriva dalla soddisfazione personale e dal piacere di affrontare una sfida, è generalmente più duratura e potente rispetto a quella estrinseca, che si basa su premi esterni o riconoscimenti.

La capacità di leggere e comprendere l'avversario è un ulteriore elemento psicologico essenziale nella competizione. Questa abilità consente di anticipare le mosse, di identificare debolezze e di sfruttarle a proprio vantaggio. Tale comprensione non si basa esclusivamente su segnali fisici o tattiche, ma anche su un'analisi dei comportamenti, delle reazioni emotive e del linguaggio corporeo. Saper interpretare questi segnali può fornire un vantaggio significativo, consentendo di agire con maggiore precisione ed efficacia.

Un aspetto spesso trascurato, ma cruciale, è il ruolo della visualizzazione mentale. Numerosi studi hanno dimostrato che immaginare con chiarezza e dettaglio l'esecuzione di una prestazione ottimale può migliorare significativamente i risultati. Questa tecnica consente di preparare la mente agli scenari che si potrebbero affrontare, aumentando la fiducia in sé stessi e riducendo l'incertezza. La visualizzazione è particolarmente utile nei momenti di alta pressione, quando l'accesso a schemi mentali preparati in anticipo può fare la differenza tra successo e fallimento.

Infine, la psicologia nella competizione coinvolge la capacità di rimanere presenti nel momento. La concentrazione totale sull'azione immediata, piuttosto che sul risultato finale o sui timori legati all'esito, è essenziale per una prestazione ottimale. Questa forma di "attenzione consapevole" consente di eliminare le distrazioni, di mantenere un controllo totale sulle proprie azioni e di sfruttare al massimo le proprie capacità in ogni istante.

In sintesi, la psicologia nella competizione non è un elemento accessorio, ma un pilastro fondamentale. Il successo dipende tanto dalla preparazione mentale quanto da quella fisica e tecnica, e solo chi riesce a dominare la propria mente, oltre che il proprio corpo, può ambire a eccellere in modo duraturo.

Tattica nel business: navigare nei mercati complessi

Negoziazione e gestione dei conflitti

La tattica nel business rappresenta l'arte di navigare in mercati complessi, dove incertezze, dinamiche competitive e pressioni costanti richiedono un approccio calibrato e flessibile. In questo contesto, la capacità di negoziare e gestire conflitti emerge come una delle competenze più preziose per chi desidera ottenere risultati significativi e sostenibili.

La negoziazione, cuore pulsante delle relazioni commerciali, è un esercizio di equilibrio e precisione, che richiede una comprensione profonda delle proprie priorità e di quelle dell'interlocutore. Ogni negoziazione si svolge su un terreno dove interessi contrastanti cercano un punto di convergenza. L'approccio tattico consiste nel bilanciare la ricerca di un vantaggio competitivo con la costruzione di relazioni solide e durature. Una negoziazione efficace non si limita alla mera persuasione; richiede preparazione meticolosa, capacità di ascolto attivo e la sensibilità necessaria per leggere tra le righe delle parole dette e non dette.

La gestione dei conflitti è una componente altrettanto cruciale. I conflitti, che siano interni o esterni, sono inevitabili nel business e possono sorgere da divergenze di opinioni, risorse limitate o pressioni ambientali. Tuttavia, un approccio tattico non considera il conflitto come una minaccia, ma come un'opportunità per generare soluzioni creative e migliorare i processi decisionali. La chiave è adottare un atteggiamento orientato alla risoluzione, che contempli una comprensione chiara delle cause sottostanti e un piano d'azione che non solo disinneschi le tensioni, ma le trasformi in momenti di crescita e apprendimento.

Un elemento fondamentale nella negoziazione e nella gestione dei conflitti è la capacità di mantenere il controllo emotivo. La pressione di un negoziato complesso o di un conflitto acuto può indurre reazioni impulsive che rischiano di compromettere il processo decisionale. La tattica impone una gestione consapevole delle emozioni, che consente di mantenere la lucidità e di prendere decisioni razionali, anche nei momenti più critici.

La pianificazione è un altro pilastro dell'approccio tattico nel business. Prima di entrare in una negoziazione o affrontare un conflitto, è essenziale prepararsi con una strategia chiara, che includa obiettivi definiti, alternative praticabili e una valutazione delle possibili reazioni dell'altra parte. Questa pianificazione fornisce una base solida su cui costruire un dialogo efficace e riduce il rischio di errori causati dall'improvvisazione.

In mercati complessi, le dinamiche di potere giocano un ruolo significativo. La capacità di identificare e sfruttare le leve di potere disponibili, senza mai abusarne, è una componente tattica di grande rilevanza. Ciò implica non solo un'attenta analisi del contesto, ma anche la costruzione di alleanze e l'adozione di un approccio collaborativo quando appropriato. In molti casi, il vero potere risiede nella capacità di creare valore condiviso, piuttosto che nella ricerca di un vantaggio unilaterale.

La comunicazione, infine, rappresenta il mezzo attraverso il quale la tattica si manifesta. La scelta delle parole, il tono utilizzato e la capacità di adattare il messaggio al contesto influenzano profondamente l'esito di ogni negoziazione e conflitto. Una comunicazione efficace non solo trasmette informazioni, ma costruisce fiducia, crea connessioni e guida il processo verso soluzioni reciprocamente vantaggiose.

In definitiva, la tattica nel business, declinata attraverso la negoziazione e la gestione dei conflitti, non è un semplice strumento per risolvere problemi contingenti, ma un approccio globale che consente di trasformare le sfide in opportunità. Chi padroneggia quest'arte non solo naviga con successo nei mercati complessi, ma contribuisce a creare un ambiente dinamico e resiliente, capace di prosperare anche di fronte alle più grandi incertezze.

L'innovazione come vantaggio tattico

L'innovazione rappresenta uno degli strumenti più potenti nel repertorio tattico, poiché consente di ottenere vantaggi significativi in contesti competitivi caratterizzati da dinamiche in costante evoluzione. Quando sfruttata correttamente, l'innovazione non è solo un processo creativo fine a sé stesso, ma una leva strategica per affrontare sfide immediate, superare ostacoli e consolidare posizioni di leadership in diversi ambiti.

Dal punto di vista tattico, l'innovazione si configura come una risposta dinamica alle condizioni mutevoli dell'ambiente circostante. Essa non implica esclusivamente lo sviluppo di nuovi prodotti o tecnologie, ma anche l'adozione di approcci alternativi per risolvere problemi, ottimizzare processi e sfruttare risorse in modo più efficace. In altre parole, l'innovazione può essere vista come la capacità di ridefinire le regole del gioco, introducendo soluzioni che rompono con gli schemi consolidati e creano nuovi paradigmi di successo.

Un vantaggio fondamentale derivante dall'innovazione è la possibilità di anticipare le mosse degli avversari o di rispondere in modo efficace a cambiamenti improvvisi. La capacità di sviluppare tattiche innovative, infatti, consente di occupare una posizione di vantaggio in settori altamente competitivi, dove l'agilità e la creatività possono fare la differenza tra il successo e il fallimento. Per esempio, l'introduzione di una nuova metodologia di lavoro, un approccio logistico ottimizzato o una tecnologia rivoluzionaria può spiazzare la concorrenza, costringendola a reagire su un terreno già dominato.

L'innovazione tattica richiede una mentalità orientata al cambiamento e una volontà di sperimentare, anche a costo di accettare rischi calcolati. Questo approccio, tuttavia, non può prescindere da una solida comprensione del contesto. L'innovazione fine a sé stessa, priva di un chiaro legame con gli obiettivi e le priorità tattiche, rischia di trasformarsi in un esercizio sterile, incapace di generare valore reale. Per essere efficace, deve essere guidata da una visione chiara e da un'analisi approfondita delle opportunità disponibili.

Un aspetto cruciale dell'innovazione come vantaggio tattico è la sua applicabilità trasversale. Essa può manifestarsi in molteplici contesti: nella gestione delle risorse, nella comunicazione, nella risoluzione dei conflitti o nella costruzione di alleanze. Ad esempio, l'introduzione di nuovi strumenti di analisi dati può migliorare significativamente la capacità decisionale, mentre l'adozione di tecniche comunicative non convenzionali può rafforzare il consenso o l'efficacia di una negoziazione.

La chiave per sfruttare l'innovazione in modo tattico risiede nella sua implementazione rapida e mirata. In un contesto competitivo, i tempi sono spesso decisivi, e chi riesce a introdurre per primo un'idea innovativa beneficia di un vantaggio che può risultare difficile da colmare per gli altri attori coinvolti. Tuttavia, la velocità deve essere bilanciata con una pianificazione accurata, che garantisca che l'innovazione sia sostenibile nel tempo e integrata in modo armonioso con le tattiche esistenti.

Infine, l'innovazione tattica è strettamente legata alla capacità di apprendere e adattarsi. Ogni innovazione, infatti, genera inevitabilmente una serie di reazioni e feedback che possono essere utilizzati per affinare ulteriormente le tattiche e consolidare il vantaggio acquisito. In questo senso, l'innovazione non è un punto di arrivo, ma un processo continuo, in cui la sperimentazione e il miglioramento costante diventano elementi essenziali per mantenere la rilevanza e l'efficacia in un mondo in continua trasformazione.

In sintesi, l'innovazione come vantaggio tattico rappresenta un elemento distintivo per chi aspira a eccellere in qualsiasi ambito. Essa non solo consente di superare le sfide del presente, ma prepara il terreno per affrontare con successo le complessità del futuro, trasformando ogni ostacolo in un'opportunità di crescita e ogni crisi in un trampolino verso nuovi traguardi.

Tattica nelle relazioni interpersonali

Come costruire alleanze e influenzare gli altri

La tattica nelle relazioni interpersonali rappresenta una dimensione essenziale dell'interazione umana, in cui la capacità di costruire alleanze e influenzare gli altri può determinare il successo in molteplici contesti, dai legami personali agli ambienti professionali. Tale ambito richiede un approccio consapevole e raffinato, che si basi sulla comprensione profonda delle dinamiche relazionali e sulla capacità di gestirle in modo strategico.

Costruire alleanze è un aspetto fondamentale della tattica relazionale. Le alleanze non sono soltanto strumenti per ottenere un vantaggio immediato, ma anche un investimento a lungo termine nella costruzione di reti di supporto e fiducia reciproca. Per realizzarle, è necessario adottare un atteggiamento aperto e collaborativo, che dimostri interesse genuino per gli altri. La chiave del successo in questa impresa risiede nella capacità di individuare obiettivi comuni e di creare un terreno fertile per la cooperazione, senza tuttavia perdere di vista le proprie priorità.

L'influenza interpersonale, d'altro canto, si fonda su una combinazione di empatia, comunicazione efficace e comprensione dei bisogni e delle motivazioni altrui. Essere tattici nell'influenzare gli altri non significa manipolarli, ma piuttosto saper presentare le proprie idee in modo convincente e creare un contesto in cui le persone si sentano incluse e rispettate. L'ascolto attivo gioca un ruolo cruciale in questo processo, poiché permette di cogliere segnali spesso sottili che possono guidare l'interazione verso un esito positivo.

La fiducia è un pilastro portante della tattica relazionale. Senza di essa, qualsiasi alleanza è destinata a essere fragile e temporanea. Per costruire fiducia, è indispensabile agire con coerenza e integrità, mantenendo le promesse fatte e dimostrando affidabilità nel tempo. Tuttavia, la fiducia non si limita al semplice rispetto degli accordi; essa si estende alla capacità di creare un ambiente in cui le persone si sentano valorizzate e sicure di esprimersi.

Un altro aspetto centrale della tattica nelle relazioni interpersonali è la gestione dei conflitti. I conflitti sono inevitabili in qualsiasi rapporto, ma la capacità di affrontarli con intelligenza tattica può trasformarli in opportunità per rafforzare il legame e migliorare la comprensione reciproca. Ciò richiede equilibrio, capacità di mediazione e un approccio orientato alla soluzione, in cui le emozioni non prevalgano sulla razionalità.

La persuasione, quando usata in modo etico, è un potente strumento tattico. Essa non si basa su pressioni o coercizioni, ma su una presentazione convincente di argomentazioni e benefici, che siano in grado di stimolare un consenso spontaneo. Un buon tattico nelle relazioni interpersonali sa adattare il proprio stile comunicativo alle esigenze e ai valori degli interlocutori, creando un dialogo autentico e costruttivo.

Infine, è essenziale riconoscere che le relazioni interpersonali non sono statiche, ma in continua evoluzione. Le tattiche che funzionano in un dato momento potrebbero necessitare di aggiustamenti in futuro, man mano che le persone e le circostanze cambiano. La capacità di rimanere flessibili e pronti a rivedere le proprie strategie in base ai nuovi sviluppi è un elemento distintivo di chi eccelle nella gestione delle relazioni.

In conclusione, la tattica nelle relazioni interpersonali non riguarda solo il raggiungimento di obiettivi immediati, ma la costruzione di un tessuto relazionale solido e duraturo, che possa sostenere le sfide e le opportunità che emergono nel corso della vita. Costruire alleanze e influenzare gli altri con saggezza e rispetto non solo migliora la qualità delle interazioni, ma getta anche le basi per un successo condiviso e sostenibile.

La comunicazione tattica: linguaggio, tono e ascolto

La comunicazione tattica è uno strumento fondamentale per gestire interazioni efficaci in ogni contesto, dalla negoziazione professionale alle relazioni personali. Il modo in cui scegliamo di esprimere i nostri pensieri e ascoltare gli altri può influenzare profondamente l'esito di un dialogo, determinando il successo o il fallimento di un obiettivo. Essa non si limita al contenuto delle parole, ma coinvolge anche il linguaggio non verbale, il tono e l'arte dell'ascolto.

Il linguaggio è il primo e più evidente strumento della comunicazione tattica. Le parole scelte devono essere mirate e calibrate, capaci di trasmettere con precisione il messaggio desiderato. Un linguaggio tattico è chiaro, persuasivo e diretto, ma al contempo evita inutili rigidità o termini che potrebbero risultare offensivi o alienanti per l'interlocutore. La capacità di adattare il proprio registro linguistico al contesto e al pubblico è essenziale: ciò che funziona in un ambiente formale può risultare inappropriato in una conversazione informale e viceversa. Inoltre, un abile comunicatore tattico utilizza metafore, analogie e narrazioni che facilitano la comprensione e creano un legame emotivo con l'interlocutore.

Il tono della comunicazione gioca un ruolo altrettanto cruciale. Il tono è il veicolo attraverso il quale le parole acquisiscono significato emotivo e sottotesto. Un tono gentile e rassicurante può smorzare tensioni e favorire la collaborazione, mentre un tono deciso ma rispettoso trasmette autorevolezza e sicurezza. Tuttavia, un tono eccessivamente aggressivo o passivo può compromettere l'efficacia della comunicazione, suscitando difensività o disinteresse nell'interlocutore. La padronanza del tono richiede autoconsapevolezza e capacità di leggere le reazioni dell'altro, regolando di conseguenza l'intensità e l'intonazione.

L'ascolto è forse l'aspetto più trascurato, ma non meno fondamentale, della comunicazione tattica. Spesso si pensa alla comunicazione come a un processo unidirezionale, ma in realtà essa è un dialogo in cui l'ascolto rappresenta la metà del processo. L'ascolto tattico non è passivo, bensì attivo e intenzionale. Esso implica attenzione totale verso l'interlocutore, la capacità di cogliere non solo ciò che viene detto, ma anche ciò che rimane implicito. Attraverso l'ascolto, un abile comunicatore può individuare segnali nascosti, bisogni non espressi e persino contraddizioni, utilizzandoli per guidare la conversazione verso esiti favorevoli.

Un altro aspetto chiave dell'ascolto tattico è l'empatia. Mostrare interesse genuino per le opinioni e le emozioni dell'interlocutore crea un ambiente di fiducia e collaborazione. Questo non significa necessariamente concordare con ogni punto di vista espresso, ma dimostrare rispetto e volontà di comprendere. Tale atteggiamento può disarmare potenziali conflitti e aprire la strada a soluzioni creative e condivise.

Infine, la comunicazione tattica richiede una costante attenzione al linguaggio non verbale, come espressioni facciali, gesti e postura. Spesso, ciò che non viene detto verbalmente può comunicare più delle parole stesse. Uno sguardo diretto, un sorriso sincero o un gesto di apertura possono rafforzare il messaggio, mentre segnali di chiusura, come braccia incrociate o mancanza di contatto visivo, possono minare la fiducia e l'interazione.

In sintesi, la comunicazione tattica è un'arte che combina l'uso attento del linguaggio, la modulazione del tono e la pratica dell'ascolto attivo. Essa permette di gestire le interazioni in modo strategico, massimizzando l'impatto del messaggio e costruendo relazioni basate su comprensione, fiducia e rispetto reciproco. Un'abilità così raffinata non è innata, ma si sviluppa attraverso la pratica costante e la riflessione critica sulle proprie modalità comunicative.

Tattica nella vita quotidiana

Risoluzione pratica dei problemi

La tattica, spesso associata a contesti militari o competitivi, è in realtà una componente essenziale della vita quotidiana. Nelle azioni che intraprendiamo ogni giorno, dalla gestione delle relazioni personali alla risoluzione dei problemi più comuni, l'applicazione del pensiero tattico consente di affrontare le sfide con maggiore efficacia e creatività. La risoluzione pratica dei problemi, in particolare, è uno dei campi in cui la tattica mostra il suo valore, trasformando ostacoli in opportunità e difficoltà in traguardi raggiungibili.

Affrontare problemi quotidiani con un approccio tattico significa innanzitutto analizzare la situazione con chiarezza, identificando gli elementi principali e le variabili in gioco. Un problema può spesso sembrare più complesso di quanto sia in realtà a causa dell'ansia o dell'urgenza che lo circondano. La tattica insegna a separare l'aspetto emotivo dalla realtà fattuale, consentendo una visione più lucida e oggettiva della questione. Questa prima fase di analisi è cruciale per comprendere la vera natura del problema e delineare possibili percorsi d'azione.

Un approccio tattico alla risoluzione dei problemi richiede inoltre la capacità di definire obiettivi chiari e realistici. La mancanza di una meta ben definita rende qualsiasi sforzo inefficace e dispersivo. Una volta stabilito l'obiettivo, è necessario identificare i passaggi intermedi necessari per raggiungerlo. Questo processo di scomposizione in tappe più piccole non solo rende il problema più gestibile, ma permette anche di monitorare i progressi e adattare la strategia in base ai risultati ottenuti.

Un altro elemento fondamentale della tattica nella vita quotidiana è l'utilizzo delle risorse disponibili. Spesso, nella ricerca di soluzioni, si tende a sottovalutare o ignorare le risorse già a disposizione, che possono essere strumenti, conoscenze personali o il supporto di altre persone. La tattica insegna a sfruttare al meglio ciò che si ha, trasformando anche risorse apparentemente limitate in vantaggi significativi. Questo approccio non solo ottimizza l'efficienza, ma riduce anche la necessità di ricorrere a soluzioni esterne o costose.

L'imprevedibilità è una costante della vita quotidiana, e la tattica prepara ad affrontare l'incertezza con flessibilità e prontezza di spirito. Quando un piano iniziale si rivela inefficace, l'approccio tattico richiede la capacità di modificare rapidamente il percorso, senza lasciarsi scoraggiare o bloccare. Questo atteggiamento di adattamento continuo è essenziale per mantenere il controllo anche nelle situazioni più complesse.

Infine, la tattica nella risoluzione pratica dei problemi non si limita a trovare soluzioni immediate, ma mira anche a prevenire difficoltà future. Un'azione ben calibrata non solo risolve il problema attuale, ma pone le basi per evitare che simili situazioni si ripetano. Questo richiede una riflessione post-azione, in cui si analizzano le scelte fatte e si apprendono lezioni utili per il futuro.

In sintesi, la tattica applicata alla vita quotidiana è un'arte che combina analisi, pianificazione e adattamento. Essa permette di affrontare le sfide con maggiore consapevolezza e di trasformare ogni problema in un'opportunità per crescere e migliorare. Laddove altri vedono ostacoli insormontabili, chi adotta un approccio tattico individua possibilità e soluzioni, dimostrando che anche le difficoltà più complesse possono essere superate con intelligenza, determinazione e creatività.

Massimizzare tempo ed energia

Il tempo e l'energia rappresentano risorse finite e preziose, la cui gestione efficace può determinare il successo o il fallimento di qualsiasi impresa, personale o professionale. Massimizzare l'uso di queste risorse non significa semplicemente ottimizzare la propria produttività, ma anche imparare a bilanciare gli sforzi con il recupero, e le attività obbligatorie con quelle che arricchiscono e motivano. La tattica, in questo contesto, si rivela uno strumento essenziale per affrontare le richieste della vita moderna con intelligenza e consapevolezza.

La gestione del tempo richiede una pianificazione precisa e realistica. La giornata di ogni individuo è scandita da obblighi, priorità e inevitabili distrazioni, che devono essere armonizzati in modo strategico. Una buona pianificazione inizia con l'identificazione delle attività essenziali, distinguendole da quelle che possono essere posticipate o eliminate. Il principio di Pareto, secondo cui l'80% dei risultati deriva dal 20% delle azioni, si applica perfettamente in questo ambito: focalizzarsi sulle attività a maggiore impatto consente di ottenere risultati significativi senza disperdere energie in attività superflue.

Allo stesso modo, è fondamentale imparare a dire "no" quando necessario. Ogni richiesta accettata implica un investimento di tempo ed energia che deve essere sottratto ad altre attività. La capacità di stabilire confini chiari e proteggere il proprio tempo è una competenza tattica essenziale per evitare il sovraccarico e mantenere la concentrazione sugli obiettivi principali.

L'energia, tuttavia, non è una risorsa lineare; fluttua nel corso della giornata, influenzata da fattori fisici, mentali ed emotivi. Una gestione tattica dell'energia implica il riconoscimento di questi ritmi e l'adattamento delle proprie attività in base ad essi. I momenti di maggiore energia dovrebbero essere riservati alle attività che richiedono maggiore concentrazione e creatività, mentre quelle di routine possono essere affrontate durante i periodi di calo energetico. Questa sincronia tra le proprie risorse interiori e le richieste esterne consente di lavorare in modo più efficace e sostenibile.

Un altro aspetto cruciale per massimizzare tempo ed energia è l'eliminazione delle distrazioni. La moderna società digitale offre una miriade di stimoli che competono per la nostra attenzione, dalla notifica di uno smartphone ai social media. La tattica suggerisce di creare ambienti di lavoro e di vita che minimizzino queste interruzioni, favorendo la concentrazione e la continuità. A questo scopo, può essere utile adottare tecniche come il "time blocking" o il metodo del pomodoro, che segmentano il tempo in unità dedicate a specifiche attività, intervallate da pause rigeneranti.

Infine, massimizzare il tempo e l'energia non significa sfruttarli incessantemente, ma anche prevedere momenti di recupero e riflessione. Il riposo non è una perdita di tempo, ma un investimento per ripristinare l'efficienza e la creatività. Le pause regolari, il sonno di qualità e le attività che rigenerano la mente e il corpo sono componenti indispensabili di una gestione tattica delle risorse.

In sintesi, il tempo e l'energia sono risorse inestimabili che richiedono un approccio consapevole e strategico. La capacità di allocarle con precisione, eliminare le distrazioni e sincronizzarle con i propri ritmi naturali consente non solo di essere più produttivi, ma anche di vivere una vita più equilibrata e appagante. La tattica, in questo senso, non è solo una disciplina legata all'efficienza, ma un'arte che permette di riconquistare il controllo sulle proprie risorse e di orientarle verso ciò che conta davvero.

Parte III: Perfezionare la Tattica

Nel contesto di un mondo in continuo cambiamento, la perfezione tattica non è un obiettivo raggiungibile una volta per tutte, ma un processo dinamico e in costante evoluzione. La terza parte di questo libro si concentra sul perfezionamento delle competenze tattiche, riconoscendo che la vera maestria non si limita all'applicazione immediata delle tecniche, ma implica un continuo affinamento, una riflessione sulle esperienze e l'adattamento alle circostanze mutevoli.

Mentre nelle sezioni precedenti abbiamo esplorato i fondamenti e le applicazioni della tattica in vari contesti, in questa parte ci concentreremo sulle modalità attraverso cui un individuo può sviluppare e affinare costantemente le proprie capacità. La perfezione tattica richiede una capacità di apprendimento continuo, che si nutre tanto dai successi quanto dai fallimenti. Infatti, ogni errore, ogni ostacolo rappresenta un'opportunità di crescita e miglioramento, a patto che venga affrontato con la giusta mentalità.

Per perfezionare la tattica, non basta accumulare esperienze; è necessario sviluppare una capacità di analisi critica, che permetta di estrarre dalle situazioni le lezioni più rilevanti. La riflessione, quindi, diventa parte integrante del processo tattico, così come lo è la sperimentazione di nuove soluzioni e approcci. È in questa fase che l'individuo, il team o l'organizzazione può iniziare a integrare le lezioni apprese nella propria mentalità, trasformandole in un repertorio di risposte immediate e adattabili, pronte a essere attivate in ogni situazione.

Questo capitolo esplorerà come continuare a evolversi tatticamente, suggerendo approcci pratici e teorici per affinare la capacità di prendere decisioni rapide ed efficaci, affrontare incertezze e imprevisti con maggiore serenità, e utilizzare ogni risorsa al massimo del suo potenziale. Il perfezionamento tattico non riguarda solo il miglioramento individuale, ma anche la costruzione di un sistema complesso, in grado di rispondere in modo ottimale alle sfide quotidiane e alle situazioni impreviste che emergono nel corso della vita e del lavoro.

Alla fine, la perfezione tattica non è un concetto statico, ma un viaggio senza fine, che richiede impegno, adattabilità e la capacità di accogliere i cambiamenti come opportunità. In questa parte del libro, esploreremo come portare la propria pratica tattica al livello successivo, affrontando le sfide con una visione più profonda e una padronanza crescente degli strumenti e delle tecniche apprese.

Sviluppare la propria filosofia tattica

Integrare conoscenze e esperienze personali

Sviluppare la propria filosofia tattica significa costruire un insieme coerente di principi e approcci che definiscano il modo in cui affrontare e risolvere le sfide. Ogni individuo, ogni organizzazione, ogni contesto ha peculiarità che influenzano le decisioni tattiche e la maniera in cui le azioni vengono intraprese. La filosofia tattica, quindi, non può essere un'imposizione universale, ma un processo personalizzato che integra le conoscenze accumulate nel corso della vita, le esperienze dirette, e le intuizioni personali. In questo modo, la tattica non è solo una questione di tecnica, ma diventa un'espressione autentica del pensiero individuale e del comportamento strategico di un individuo.

Per sviluppare una filosofia tattica solida, è necessario fare un bilancio delle esperienze passate. Ogni successo, ma anche ogni fallimento, può fornire una lezione fondamentale che va oltre il risultato immediato. La chiave sta nel comprendere che ogni situazione tattica è, in un certo senso, un'opportunità di apprendimento. Le esperienze, siano esse positive o negative, devono essere analizzate criticamente, non solo per valutare i fattori che hanno determinato l'esito, ma anche per comprendere come rispondere meglio in futuro. La riflessione continua su ciò che ha funzionato e ciò che non ha funzionato diventa un meccanismo attraverso il quale le capacità tattiche possono essere perfezionate e adattate alle circostanze mutevoli.

Inoltre, la filosofia tattica richiede un'integrazione delle proprie conoscenze teoriche con l'esperienza pratica. La lettura di testi, l'osservazione di modelli di successo e di insuccesso, e la conoscenza delle teorie tattiche e strategiche non sono sufficienti se non vengono applicate nella vita reale. La teoria deve trasformarsi in pratica, e la pratica, a sua volta, deve essere informata dalla teoria. Il processo di integrazione richiede un approccio critico che permetta di selezionare gli strumenti più utili e di adattarli alla propria visione unica del mondo.

Lo sviluppo di una filosofia tattica implica anche la capacità di rimanere fedeli ai propri principi, ma con la flessibilità di adattarsi alle circostanze in evoluzione. La tattica non può essere rigidamente meccanica; deve essere guidata dall'intuizione e dalla consapevolezza di sé. Ogni decisione tattica si costruisce sulla base di una continua interazione tra il pensiero razionale e quello intuitivo. In un contesto di rapida evoluzione, come quello della vita quotidiana o del business, questa capacità di sintesi è essenziale. La flessibilità non significa abbandonare i propri principi, ma piuttosto essere pronti a rivedere l'approccio quando le circostanze cambiano in modo imprevedibile.

Un altro aspetto fondamentale nella creazione della propria filosofia tattica è l'importanza dell'autoconsapevolezza. Comprendere le proprie forze e debolezze, i propri punti di forza e le proprie aree di miglioramento è cruciale per prendere decisioni tattiche efficaci. Ogni persona ha uno stile unico di affrontare le difficoltà e le sfide, e riconoscere questo stile permette di sfruttarlo al massimo. Sviluppare una filosofia tattica significa anche essere in grado di autovalutarsi, cercando sempre il miglioramento attraverso l'introspezione e l'auto-correzione.

La filosofia tattica non deve essere vista come una formula statica, ma come un approccio dinamico, che evolve con il tempo e l'esperienza. La continua ricerca di un equilibrio tra conoscenze teoriche e pratiche, tra autoconsapevolezza e adattamento alle circostanze, è ciò che permette a una persona di sviluppare un sistema tattico che rispecchi veramente il proprio modo di pensare e di agire. In questo modo, la filosofia tattica diventa non solo uno strumento per affrontare le sfide, ma un elemento che riflette e promuove la crescita personale e professionale, una guida che evolve e si rafforza nel corso della vita.

Il ruolo del fallimento nell'apprendimento

Il fallimento è uno degli aspetti più formativi del processo di apprendimento, non solo nel contesto tattico, ma in qualsiasi ambito della vita. Contrariamente alla percezione comune che lo vede come un segno di inadeguatezza o una fine, il fallimento è in realtà una risorsa fondamentale per l'evoluzione delle proprie capacità e del proprio pensiero. Esso rappresenta un momento di riflessione, un'opportunità per rivalutare le scelte fatte e per correggere la traiettoria verso l'obiettivo. Accettare il fallimento come parte integrante dell'apprendimento è una delle chiavi per sviluppare una mentalità tattica vincente.

Innanzitutto, il fallimento fornisce un feedback immediato. Ogni errore, grande o piccolo che sia, offre informazioni vitali su ciò che non ha funzionato. Questa consapevolezza consente di correggere la direzione, di affinare la propria strategia e di adattarsi meglio alle circostanze future. Tuttavia, per trarre davvero beneficio dal fallimento, è necessario avere una visione proattiva: non si tratta solo di registrare un insuccesso, ma di analizzarlo criticamente, identificando con precisione quali fattori lo hanno causato. È questo processo di analisi che trasforma un fallimento in una lezione preziosa, un'opportunità per crescere e migliorare.

Il fallimento, inoltre, favorisce l'adattamento. La capacità di adattarsi è uno dei principi più importanti in qualsiasi disciplina tattica. Ogni fallimento mette alla prova questa capacità: permette di vedere in azione la propria flessibilità mentale, di capire come reagire quando la situazione non si sviluppa secondo i piani. Gli individui che apprendono da ogni errore, che rielaborano i fallimenti e li integrano nella loro esperienza, sviluppano una resilienza tattica che li rende più forti e preparati per affrontare le difficoltà future. La resilienza non si costruisce attraverso il successo, ma piuttosto attraverso la capacità di rialzarsi ogni volta che si cade, di correggere gli errori e di continuare a camminare verso l'obiettivo.

Un altro aspetto fondamentale del fallimento nell'apprendimento riguarda la gestione delle aspettative. Quando le persone falliscono, spesso è perché avevano aspettative troppo alte o non realistiche. Tuttavia, questo non significa che l'obiettivo fosse irraggiungibile, ma piuttosto che la strategia scelta non era adeguata. Ogni fallimento insegna a ridefinire le aspettative in modo più concreto e pratico. In un contesto tattico, questo porta a un approccio più realistico e ponderato. Imparare a impostare obiettivi sfidanti ma raggiungibili, comprendendo che ogni passo in avanti ha un valore, è fondamentale per costruire una mentalità vincente.

Inoltre, il fallimento svolge un ruolo chiave nel rafforzamento della fiducia in sé stessi. Anche se può sembrare paradossale, è proprio attraverso l'affrontare e superare i fallimenti che una persona diventa più sicura delle proprie capacità. Ogni volta che si affronta una difficoltà e si riesce a trarre una lezione dal fallimento, si aumenta la propria autostima e si costruisce una solida base di esperienze da cui attingere. Questo processo, se ben gestito, permette di sviluppare una fiducia più profonda, non tanto nelle proprie capacità immediate, ma nella propria abilità di adattarsi e migliorarsi nel tempo.

Il fallimento, quindi, non è mai un fallimento definitivo. È una fase del processo che, se affrontata correttamente, diventa un elemento chiave per il miglioramento e l'evoluzione tattica. Una volta che si accetta il fallimento come parte naturale del cammino verso il successo, si è in grado di affrontare ogni sfida con maggiore lucidità, determinazione e apertura mentale. La consapevolezza che ogni errore è un'opportunità di crescita trasforma l'intero approccio alla vita e alle sue sfide, permettendo di avanzare in modo più consapevole e preparato.

La tecnologia e la tattica del futuro

Come l'innovazione sta trasformando l'approccio tattico

La tecnologia sta modificando radicalmente la natura della tattica in tutti i suoi ambiti di applicazione. La crescente integrazione dell'innovazione nei processi decisionali, nelle operazioni quotidiane e nelle strategie a lungo termine sta cambiando il modo in cui le persone e le organizzazioni affrontano le sfide. Dalle applicazioni più tradizionali della tattica militare, sportiva e aziendale, alla gestione delle relazioni interpersonali, l'influenza della tecnologia è ormai palpabile e, anzi, sembra essere destinata ad amplificarsi nei decenni a venire. La tattica del futuro non potrà prescindere dalla capacità di adattarsi a questo contesto tecnologicamente avanzato e di sfruttare al meglio le nuove risorse offerte dalla digitalizzazione e dall'automazione.

Una delle aree in cui la tecnologia ha avuto l'impatto più evidente è certamente la tattica militare. Con l'avvento di droni, intelligenza artificiale, sistemi di sorveglianza avanzati e cyberwarfare, la natura delle operazioni sul campo è stata trasformata. Non è più solo una questione di pianificazione e reattività, ma anche di gestione dell'enorme flusso di dati in tempo reale e di risposta immediata a cambiamenti improvvisi e imprevedibili. I combattimenti moderni non si svolgono più esclusivamente sul campo fisico, ma coinvolgono anche il dominio cibernetico, dove gli attacchi informatici e le difese digitali sono altrettanto decisivi quanto l'occupazione di territori. La capacità di manipolare e interpretare i dati, la velocità di adattamento alle nuove informazioni, e l'uso di tecnologie per prendere decisioni rapide e precise stanno ridefinendo le tattiche militari in una direzione sempre più tecnologica.

Nel mondo degli affari, la tecnologia sta trasformando il modo in cui le aziende competono e reagiscono ai cambiamenti del mercato. L'uso di algoritmi per analizzare i comportamenti dei consumatori, la gestione predittiva delle scorte, e l'automazione dei processi decisionali sono esempi concreti di come la tecnologia stia influenzando la tattica aziendale. L'intelligenza artificiale e i big data permettono alle imprese di anticipare le tendenze, adattarsi più rapidamente alle dinamiche di mercato e ottimizzare continuamente la loro strategia. Le decisioni tattiche possono essere ora supportate da analisi estremamente dettagliate e in tempo reale, eliminando molti degli errori umani e consentendo alle aziende di operare con maggiore efficienza e precisione.

Anche nello sport, l'innovazione tecnologica ha modificato radicalmente il modo in cui gli allenatori pianificano le strategie di gioco e gli atleti si preparano per la competizione. L'uso di sensori indossabili per raccogliere dati sulle performance, i sistemi di analisi video avanzati per studiare i movimenti degli avversari, e la simulazione virtuale per testare strategie in scenari complessi stanno trasformando la tattica sportiva. Gli allenatori possono ora fare scelte più informate riguardo alla gestione delle risorse umane, all'adattamento in tempo reale durante le partite e alla progettazione di allenamenti più efficaci. L'analisi dei dati diventa una componente chiave per prendere decisioni rapide e mirate, consentendo un approccio tattico estremamente preciso.

Anche nelle relazioni interpersonali e nella comunicazione, la tecnologia ha introdotto nuovi strumenti e metodi per influenzare e negoziare. Le piattaforme social, i messaggi istantanei e le comunicazioni digitali hanno reso la costruzione di alleanze e la gestione delle relazioni un gioco di velocità e adattamento. La possibilità di monitorare in tempo reale le opinioni pubbliche, di analizzare i comportamenti degli individui attraverso l'uso di algoritmi di apprendimento automatico e di sfruttare le nuove tecnologie per raggiungere il pubblico giusto al momento giusto ha reso la tattica relazionale un campo sempre più sofisticato e preciso. Le aziende, i politici e persino gli individui possono ora applicare una strategia tattica più diretta e mirata, utilizzando tecnologie avanzate per ottimizzare i loro approcci e ottenere vantaggi in un mondo altamente connesso e dinamico.

In definitiva, la tecnologia non solo ha trasformato gli strumenti a nostra disposizione, ma ha anche esteso le possibilità tattiche, permettendo a chi la sa utilizzare di prendere decisioni migliori, più rapide e più efficaci. Il futuro della tattica sarà quindi sempre più legato alla capacità di adattarsi alle tecnologie emergenti, sfruttando le risorse digitali per anticipare le mosse dei concorrenti, ottimizzare i processi decisionali e affrontare le sfide in modo più sofisticato. L'innovazione tecnologica, pur creando nuove complessità, offre anche opportunità senza precedenti per perfezionare e affinare la tattica, rendendo fondamentale la continua evoluzione della nostra comprensione di come le risorse, le informazioni e i tempi possano essere utilizzati al meglio per raggiungere il successo.

Strumenti e risorse per migliorare la precisione tattica

Nel perfezionamento della tattica, uno degli aspetti più cruciali è l'acquisizione e l'impiego di strumenti e risorse che permettano di incrementare la precisione nell'esecuzione delle strategie. La precisione, in ambito tattico, non si riferisce solo alla correttezza delle azioni intraprese, ma anche alla capacità di adattarsi rapidamente alle circostanze e di rispondere in modo efficace agli stimoli esterni. L'uso di strumenti specifici, che vanno dalla tecnologia all'organizzazione delle risorse umane, è fondamentale per affinare la capacità di prendere decisioni tempestive e mirate, riducendo al minimo i margini di errore.

Uno degli strumenti più potenti per migliorare la precisione tattica è la raccolta e l'analisi dei dati. In contesti aziendali, sportivi e persino militari, la capacità di monitorare e analizzare in tempo reale le informazioni è fondamentale per adottare decisioni veloci e accurate. L'uso di software avanzati, che permettono l'analisi predittiva dei comportamenti, delle tendenze e degli eventi futuri, fornisce una base solida per costruire strategie precise. Questo tipo di analisi consente di valutare i punti di forza e di debolezza, così come le opportunità e le minacce, migliorando notevolmente la qualità delle scelte operative. Per esempio, nel business, strumenti di business intelligence e analytics permettono alle aziende di ottenere una panoramica dettagliata dei propri dati, ottimizzando le decisioni in tempo reale e adattandosi alle circostanze in modo rapido ed efficace.

In ambito militare, la tecnologia è altrettanto determinante per garantire una risposta rapida e precisa. I sistemi di localizzazione satellitare, i droni e le tecnologie di sorveglianza avanzate consentono di raccogliere informazioni in tempo reale, minimizzando i rischi e ottimizzando l'uso delle risorse sul campo. L'impiego di simulazioni e modelli predittivi è un altro aspetto che permette di testare e perfezionare le proprie decisioni prima di metterle in atto. Questo approccio, che integra la tecnologia con il pensiero strategico, migliora la precisione nel prendere decisioni, in quanto permette di valutare scenari complessi senza rischiare perdite reali.

Nello sport, gli atleti e gli allenatori si avvalgono di strumenti avanzati per migliorare la precisione delle performance. Dispositivi come i sensori indossabili e i tracker di movimento forniscono dati dettagliati sulle condizioni fisiche e sulle performance degli atleti, consentendo una regolazione fine dell'allenamento e una gestione ottimale delle risorse umane. Inoltre, i sistemi di analisi video permettono di rivedere e migliorare le tecniche in tempo reale, ottimizzando la precisione delle azioni sul campo. La combinazione di queste tecnologie consente di identificare e correggere tempestivamente gli errori, migliorando progressivamente la prestazione individuale e di squadra.

Anche le risorse umane giocano un ruolo cruciale nel migliorare la precisione tattica. Una squadra ben preparata e coordinata è in grado di eseguire azioni precise e senza indugi, basandosi su una forte sintonia tra i membri. La formazione continua, le esercitazioni mirate e lo sviluppo delle competenze specifiche sono strumenti che permettono di perfezionare la precisione delle decisioni e delle azioni. La comunicazione chiara e l'allineamento costante all'interno di un team sono essenziali per evitare fraintendimenti e per garantire che ogni membro operi in sincronia con gli altri, contribuendo a una maggiore efficacia e precisione complessiva.

Infine, un altro strumento fondamentale per migliorare la precisione tattica è la gestione efficace del tempo. L'abilità di agire nel momento giusto, con la giusta sequenza di azioni, è cruciale per l'efficacia complessiva della tattica. La pianificazione preventiva, accompagnata da una gestione agile delle risorse, consente di ottimizzare i tempi di risposta e di evitare indecisioni. In contesti aziendali, per esempio, l'introduzione di tecniche di time management avanzate consente di accelerare i processi decisionali e di ridurre al minimo i periodi di inazione, aumentando la capacità di risposta alle dinamiche di mercato.

Per migliorare la precisione tattica, dunque, è fondamentale sfruttare una combinazione di risorse tecnologiche, dati analitici, competenze umane e gestione del tempo. L'efficace integrazione di questi strumenti permette di affinare il processo decisionale, ottimizzare le risorse e affrontare le sfide con maggiore fiducia, aumentando le probabilità di successo nelle azioni intraprese.

Esercizi pratici per affinare le abilità tattiche

Simulazioni e case studies

Affinare le abilità tattiche richiede una combinazione di pratica, analisi e adattamento continuo. Un approccio efficace è attraverso esercizi pratici che simulano situazioni reali, consentendo di esercitare la capacità di prendere decisioni in condizioni di incertezza e pressione. Gli esercizi pratici sono fondamentali per sviluppare il pensiero tattico e migliorare la reattività alle sfide quotidiane, così come la capacità di adattarsi rapidamente a nuove circostanze.

Le simulazioni sono uno degli strumenti più utili per allenarsi in contesti tattici. Possono assumere molteplici forme, da scenari virtuali a giochi di ruolo, in cui i partecipanti sono chiamati a risolvere problemi complessi, prendere decisioni tempestive e lavorare sotto pressione. Un esempio di simulazione può riguardare una situazione di crisi, come un'improvvisa perdita di risorse o un attacco a un obiettivo. In questo tipo di esercizio, gli individui devono rapidamente analizzare la situazione, considerare le opzioni disponibili, e decidere la strategia migliore per affrontare l'emergenza. La simulazione consente di esercitarsi nella gestione dell'incertezza e nell'adattamento ai cambiamenti, elementi fondamentali in ogni contesto tattico.

Un altro esercizio utile per affinare le abilità tattiche è il case study, che esplora casi reali di successo o fallimento. I partecipanti vengono invitati a analizzare il caso, identificare le decisioni chiave e valutare gli approcci tattici adottati. Spesso, si tratta di situazioni complesse in cui le risorse erano limitate, la pressione era alta e le decisioni dovevano essere prese velocemente. Analizzare questi casi offre un'opportunità per comprendere meglio le dinamiche di una decisione tattica, le conseguenze delle azioni intraprese e le lezioni che si possono imparare per il futuro. Inoltre, il confronto con diverse soluzioni proposte da altri partecipanti arricchisce la comprensione di come approcciare un problema in modo diverso e creativo, ampliando così la propria visione tattica.

Nel contesto aziendale, un esercizio pratico di simulazione potrebbe riguardare la gestione di una crisi economica o una decisione strategica in tempi di incertezza del mercato. I partecipanti potrebbero essere chiamati a prendere decisioni in merito a riduzioni di budget, riorganizzazioni aziendali o la gestione di conflitti interni. La simulazione fornirà indicazioni su come gestire risorse scarse, affrontare la pressione dei tempi e delle scelte difficili, e come mantenere la calma per prendere decisioni ottimali.

Nell'ambito delle relazioni interpersonali, un altro tipo di esercizio potrebbe coinvolgere situazioni di negoziazione o risoluzione di conflitti. I partecipanti dovrebbero esercitarsi nel formulare proposte, rispondere alle obiezioni e trovare soluzioni soddisfacenti per tutte le parti coinvolte. La capacità di affrontare con efficacia le discussioni difficili e di raggiungere un accordo soddisfacente per tutti è una competenza fondamentale in ogni contesto tattico, poiché permette di costruire alleanze e mantenere l'armonia all'interno di un gruppo o di un'organizzazione.

Oltre agli esercizi di simulazione, è utile svolgere attività di problem-solving in situazioni di vita quotidiana. Ad esempio, affrontare e risolvere situazioni stressanti in cui è necessario prendere decisioni rapide, come una disputa tra colleghi, una crisi familiare o una problematica improvvisa in un progetto di lavoro, consente di esercitare il pensiero tattico. La riflessione post-esercizio è altrettanto importante: comprendere le scelte fatte, le ragioni dietro di esse, e come la situazione si è evoluta, permette di affinare continuamente la propria capacità di rispondere in modo efficace a sfide future.

Inoltre, la costruzione di scenari e la progettazione di esercizi personalizzati per allenare la capacità di prendere decisioni in tempo limitato e con informazioni parziali è un altro metodo altamente efficace. Questi scenari possono essere costruiti in base agli obiettivi personali o professionali, così da rendere l'esercizio particolarmente rilevante per le circostanze reali. Ad esempio, un imprenditore potrebbe simulare un incontro con un investitore in cui sono necessarie risposte rapide a domande difficili, mentre un team manager potrebbe esercitarsi nella gestione di conflitti tra membri del team, cercando di risolvere rapidamente le divergenze senza compromettere la produttività.

Infine, gli esercizi pratici devono essere combinati con un processo di feedback continuo. Dopo ogni simulazione o case study, è fondamentale riflettere sulle azioni intraprese e sul risultato ottenuto, così da capire dove si è potuto migliorare. L'autoanalisi aiuta a rafforzare le proprie competenze, ad aumentare la consapevolezza dei propri punti di forza e a identificare le aree che richiedono maggiore attenzione. Solo attraverso la pratica costante, l'analisi critica e l'adattamento continuo si può perfezionare realmente la propria capacità tattica e diventare in grado di affrontare qualsiasi sfida con successo.

In sintesi, gli esercizi pratici, le simulazioni e l'analisi dei case studies sono fondamentali per sviluppare e affinare le abilità tattiche. Offrono l'opportunità di allenare la mente, di esercitarsi nella presa di decisioni e nella gestione delle risorse, e di imparare dai successi e dagli errori altrui. Solo con una pratica costante e una riflessione approfondita si può raggiungere una vera maestria tattica, che permette di affrontare con successo le sfide in ogni ambito della vita.

Come mettere in pratica ciò che si apprende

Mettere in pratica ciò che si apprende in un campo come la tattica richiede una combinazione di consapevolezza, perseveranza e adattabilità. La teoria e l'analisi possono fornire una solida base di conoscenze, ma è l'azione concreta che consente di trasformare quelle conoscenze in competenze effettive. Per fare ciò, è necessario un approccio strutturato che aiuti a integrare i concetti appresi nella vita quotidiana, nel lavoro o in qualsiasi altro contesto in cui si desideri applicare la tattica.

La prima fase consiste nel comprendere appieno i principi appresi e nel riconoscere come questi possano essere applicati in situazioni pratiche. Questo richiede un'attenta riflessione su come ogni strategia o tecnica possa adattarsi al contesto in cui ci si trova. Ogni situazione, infatti, presenta delle peculiarità che richiedono una personalizzazione delle risposte. Ciò significa che, prima di intraprendere qualsiasi azione, bisogna fare un passo indietro e analizzare il contesto, le risorse disponibili, gli obiettivi e le potenziali sfide.

Una volta compreso il quadro generale, la seconda fase è l'applicazione concreta dei concetti. Iniziare con esercizi o simulazioni che riproducano le circostanze che si potrebbero incontrare in scenari reali è fondamentale per affinare le proprie abilità. Questi esercizi pratici permettono di mettere alla prova le proprie capacità decisionali e di reazione, non solo nella gestione delle risorse o nella pianificazione, ma anche nella risposta agli imprevisti e alle difficoltà. È essenziale che queste simulazioni siano quanto più possibile realistiche, così da avere un'esperienza diretta delle sfide che potrebbero manifestarsi.

Il passo successivo è l'apprendimento continuo attraverso il feedback. Ogni esperienza pratica offre un'opportunità di crescita, ma è solo attraverso una riflessione onesta e critica sui propri errori e successi che si può progredire. Dopo ogni azione o decisione, è importante analizzare se le scelte fatte sono state efficaci o se avrebbero potuto essere migliorate. In questo processo di autoanalisi, non bisogna limitarsi a concentrarsi solo sul risultato finale, ma riflettere anche sulle decisioni intermedie e sui passaggi precedenti. Questo approccio consente di comprendere in profondità dove è possibile perfezionare ulteriormente le proprie tecniche e dove invece è necessario rivedere la propria strategia.

Inoltre, mettere in pratica ciò che si apprende implica anche essere pronti ad adattarsi in tempo reale alle circostanze che si evolvono. La tattica, infatti, è essenzialmente una disciplina di risposta dinamica. Ciò significa che le soluzioni non sono mai fisse e possono dover essere modificate nel corso dell'azione. Essere in grado di riconoscere quando è il momento di cambiare approccio è un'abilità fondamentale che va allenata nel tempo. In questo senso, la flessibilità e la capacità di adattamento sono competenze chiave da coltivare durante il processo di applicazione pratica.

Un altro aspetto cruciale nell'applicare ciò che si apprende è l'osservazione. Imparare da situazioni di successo e fallimento, sia proprie che altrui, aiuta a identificare modelli di comportamento che possono essere adottati o evitati. Questo processo di osservazione è particolarmente utile in contesti complessi, dove le variabili in gioco sono molteplici e non sempre prevedibili. Affinare la propria capacità di osservare e analizzare le situazioni in tempo reale contribuisce significativamente a migliorare le proprie decisioni tattiche.

Infine, l'apprendimento e l'applicazione della tattica non dovrebbero mai fermarsi al semplice eseguire le azioni in modo tecnico. Un aspetto fondamentale della tattica è la mentalità. L'approccio mentale che si ha di fronte a una sfida può determinare la differenza tra il successo e il fallimento. Pertanto, è necessario sviluppare una mentalità di crescita, in cui si accolgono le sfide come opportunità di miglioramento continuo, piuttosto che come ostacoli insormontabili. In questo contesto, mantenere una visione positiva e proattiva, anche in situazioni di stress o difficoltà, è essenziale per mettere in pratica in modo efficace ciò che si è appreso.

In conclusione, mettere in pratica ciò che si apprende in ambito tattico non è solo una questione di applicare tecniche e strategie, ma implica un processo di apprendimento continuo che richiede auto-riflessione, feedback, adattamento e sviluppo di una mentalità forte. La pratica costante e l'approccio flessibile sono essenziali per perfezionare le abilità tattiche e rispondere in modo efficace a qualsiasi sfida, sia essa personale, professionale o di altro tipo.

Tattica e leadership

Il rapporto tra tattica individuale e collettiva

La relazione tra tattica individuale e collettiva è una delle dimensioni più complesse e determinanti della leadership, specialmente in contesti di alta performance, come nel business, nello sport e nelle operazioni militari. La capacità di applicare tattiche efficaci su scala individuale, all'interno di un contesto collettivo, determina non solo l'efficacia delle azioni immediate, ma anche la coesione e l'efficienza dell'intero gruppo. La leadership, in questa ottica, diventa una funzione che non si limita a guidare, ma che integra l'abilità di condurre una singola persona verso il successo con la capacità di orchestrare un gruppo verso un obiettivo comune.

La tattica individuale è spesso vista come il dominio delle azioni di una persona: il suo modo di reagire di fronte a una sfida, la capacità di risolvere problemi e la prontezza nell'adattarsi alle circostanze. Tuttavia, mentre le decisioni individuali sono fondamentali per l'efficacia immediata, sono le azioni collettive che determinano i risultati a lungo termine. Un leader che comprende questa distinzione sa che le tattiche individuali non devono essere solo efficienti di per sé, ma devono anche essere allineate agli obiettivi collettivi. La difficoltà risiede nel fatto che, in un gruppo, ogni individuo ha differenti stili, competenze e approcci, e le decisioni di ciascun membro influenzano il risultato finale.

La leadership strategica richiede che il leader sviluppi la capacità di riconoscere quando l'intervento individuale è necessario e quando è la sinergia collettiva a fare la differenza. La tattica individuale, in questo senso, si traduce in una serie di competenze e comportamenti che il leader deve insegnare e coltivare nel proprio gruppo, affinché ogni membro possa prendere decisioni efficaci e consapevoli in situazioni complesse. È quindi fondamentale che la leadership sviluppi una mentalità che integri la crescita individuale e quella collettiva, affinché i membri del team possano lavorare in modo coeso, nonostante le differenze di approccio e di pensiero.

La capacità di integrare tattiche individuali e collettive dipende anche dalla comprensione profonda delle dinamiche di gruppo. La leadership deve essere in grado di dirigere e gestire le competenze e le risorse dei singoli membri, assicurandosi che le azioni di ognuno siano complementari e in armonia con quelle del team. Questo implica un'abilità non solo nella gestione delle risorse, ma anche nel comprendere le motivazioni personali, le inclinazioni e i limiti degli altri, per poterli orientare nella giusta direzione.

Nel contesto della tattica collettiva, il leader deve avere la capacità di orchestrare le azioni individuali in modo che tutte le risorse vengano utilizzate in maniera strategica per massimizzare l'efficacia complessiva. Questo significa che, per ogni membro del team, la tattica individuale diventa una tessera di un disegno più ampio. La capacità di ascoltare, osservare e analizzare il comportamento degli altri è cruciale per il leader, poiché gli permette di adattare la strategia collettiva in tempo reale, rispondendo alle sfide che emergono.

Un altro aspetto fondamentale della relazione tra tattica individuale e collettiva è la gestione delle crisi. In situazioni di incertezza o di alta pressione, la tattica individuale spesso entra in gioco in modo decisivo. In questi momenti, ogni membro del team deve agire in modo autonomo, utilizzando il proprio giudizio e le proprie competenze. Tuttavia, la leadership deve essere in grado di garantire che, nonostante le azioni individuali, l'obiettivo finale non venga compromesso e che ogni decisione personale contribuisca al successo complessivo della missione.

La forza di un leader risiede anche nella sua capacità di guidare e modellare il comportamento dei suoi membri in modo che la tattica individuale non diventi un ostacolo al funzionamento collettivo. L'obiettivo non è solo ottenere il miglior risultato possibile da ciascun individuo, ma anche mantenere l'armonia e la cooperazione all'interno del gruppo. Questo richiede un equilibrio delicato tra l'autonomia necessaria per prendere decisioni rapide e la coesione necessaria per allinearsi agli obiettivi comuni.

Infine, è essenziale sottolineare che la tattica collettiva non è semplicemente la somma delle tattiche individuali. Essa è il risultato dell'interazione di molteplici azioni, decisioni e reazioni, che si sviluppano nel tempo e che dipendono dalla capacità del leader di gestire le dinamiche del gruppo. Un leader che sa integrare le tattiche individuali in un piano d'azione collettivo è in grado di trarre il massimo vantaggio dalle risorse disponibili, creando una squadra che non solo agisce in modo efficace, ma che evolve costantemente per affrontare le sfide future con maggiore preparazione e resilienza.

In conclusione, il rapporto tra tattica individuale e collettiva è uno dei cardini fondamentali della leadership. Un leader strategico sa che l'efficacia di ogni membro del team non deve essere fine a sé stessa, ma deve essere orientata al raggiungimento di obiettivi comuni. La sintesi tra l'azione individuale e quella collettiva è ciò che consente al gruppo di affrontare e superare le sfide, raggiungendo successi duraturi nel tempo.

Guidare con l'esempio e ispirare gli altri

Guidare con l'esempio è uno dei principi fondamentali della leadership, poiché permette ai leader di stabilire una connessione autentica con i propri collaboratori, ispirandoli a intraprendere azioni che riflettano i valori e gli obiettivi comuni. Un leader che guida con l'esempio non solo impartisce direttive o offre indicazioni, ma dimostra concretamente attraverso il proprio comportamento ciò che ci si aspetta dagli altri. Questa forma di leadership è essenziale perché genera un clima di fiducia e rispetto reciproco, in cui le parole non sono semplici enunciazioni di principio, ma si traducono in azioni tangibili e coerenti.

La capacità di un leader di ispirare gli altri non si limita alla sua visione o alla sua retorica; si fonda sulla coerenza tra ciò che dice e ciò che fa. Quando un leader agisce in modo allineato con i suoi valori e obiettivi, crea un modello comportamentale che diventa un riferimento per gli altri. Questo non implica che il leader debba essere perfetto, ma che deve dimostrare integrità e impegno verso gli scopi comuni. In altre parole, un leader che guida con l'esempio non cerca la perfezione, ma l'autenticità, che è ciò che realmente ispira fiducia e motivazione negli altri.

Un aspetto cruciale della leadership per esempio è l'umiltà. Un leader che sa riconoscere i propri limiti e mostrare apertura verso il feedback è in grado di creare un ambiente in cui la crescita e l'apprendimento sono costanti. L'umiltà consente al leader di mettere in discussione le proprie convinzioni, ascoltare gli altri e adattarsi alle circostanze. Questa predisposizione alla crescita e al miglioramento continuo non solo alimenta la fiducia dei membri del team, ma stimola anche la loro volontà di seguirlo e imparare da lui.

Inoltre, un leader che guida con l'esempio sa come motivare senza fare ricorso a incentivi esterni, ma piuttosto facendo leva sulla passione, l'etica del lavoro e la determinazione. Questo tipo di leadership è particolarmente efficace in ambienti dove la sfida è costante e le risorse limitate, poiché crea una cultura in cui ogni membro del gruppo si sente personalmente coinvolto nel successo collettivo. Ogni azione e decisione presa dal leader è percepita come una manifestazione di un impegno autentico, che spinge gli altri a fare lo stesso, contribuendo a un'unità di intenti che si traduce in prestazioni eccezionali.

Guidare con l'esempio implica anche la capacità di affrontare le difficoltà con determinazione. Un leader che non si sottrae alle sfide, ma che le affronta con coraggio e resilienza, diventa un modello per il suo team. Le difficoltà e gli ostacoli sono inevitabili, ma la capacità del leader di mantenere la calma e di agire con lucidità in momenti critici è ciò che fa la differenza tra un gruppo che si arrende e uno che persevera. In queste situazioni, il leader non è solo un decisore strategico, ma un punto di riferimento per tutti coloro che guardano a lui come guida.

Un altro aspetto fondamentale di questa forma di leadership è la capacità di trasmettere la propria visione in modo che ogni membro del team possa sentirsi parte integrante del progetto comune. Quando un leader condivide i propri obiettivi e valori con chiarezza, le sue azioni e decisioni acquisiscono un significato più profondo. Non è più solo una questione di dirigere un gruppo verso un fine, ma di ispirare ciascun membro del team a vedere il proprio ruolo come essenziale nel raggiungimento di un obiettivo più grande. Il leader che guida con l'esempio è in grado di motivare non solo con parole, ma con fatti che confermano la validità della sua visione.

La leadership che si basa sull'esempio promuove anche l'autosufficienza e la responsabilità all'interno del gruppo. Ogni membro del team, vedendo l'esempio del leader, è incoraggiato a prendere iniziativa e a essere proattivo. L'effetto collaterale positivo di questa modalità di leadership è che ogni individuo sente di essere parte integrante di un progetto che va oltre il semplice svolgimento di compiti. La partecipazione attiva e l'autonomia sono alimentate dalla visione condivisa e dalla fiducia che il leader ha dimostrato attraverso le sue azioni.

In conclusione, guidare con l'esempio e ispirare gli altri non è solo un aspetto della leadership, ma è la base su cui si costruisce una cultura di impegno, fiducia e successo. Un leader che incarna i principi che promuove non solo ottiene rispetto, ma crea un ambiente in cui gli altri sono motivati a eccellere e a contribuire al successo collettivo. La forza di un leader risiede nella sua capacità di essere coerente, autentico e resiliente, agendo come un modello che ispira e motiva il gruppo verso traguardi ambiziosi.

Conclusioni

Sintesi dei principi fondamentali

Le conclusioni di questo lavoro evidenziano i principi fondamentali della tattica che, se compresi e applicati correttamente, possono portare a un successo duraturo e ben costruito in molteplici ambiti della vita. La tattica, nella sua essenza, è la capacità di affrontare e risolvere sfide concrete, utilizzando risorse limitate in modo ottimale, con un tempismo preciso e un approccio adattabile. La sua importanza non risiede solo nella capacità di ottenere risultati immediati, ma anche nel saper rispondere con prontezza e intelligenza a un contesto in continuo cambiamento.

Il principio cardine della tattica è la flessibilità. La capacità di adattarsi alle circostanze, di modificare i piani in risposta a eventi imprevisti, è ciò che distingue una tattica efficace da una superficiale. Non esiste un approccio unico che possa funzionare in ogni situazione; ogni contesto richiede un adattamento delle strategie, una riconsiderazione dei metodi impiegati, e una continua calibrazione delle risorse. La tattica non è mai statica, ma un processo dinamico che evolve a ogni passo, a seconda delle necessità e degli ostacoli che si presentano.

Un altro principio fondamentale che emerge dalla riflessione sulla tattica è l'importanza del problem-solving. La capacità di analizzare e affrontare i problemi in modo creativo, trasformando gli ostacoli in opportunità, è essenziale per un'azione tattica di successo. Questo richiede non solo competenza e preparazione, ma anche una mentalità aperta e la volontà di imparare dagli errori. Ogni difficoltà incontrata è, infatti, un'occasione di crescita, che porta a un miglioramento continuo delle proprie abilità e della propria visione.

La gestione delle risorse e delle priorità è un altro principio tattico cruciale. Saper scegliere come allocare il proprio tempo, le proprie energie e le proprie risorse in modo efficiente è fondamentale per massimizzare i risultati. Questo non implica solo ottimizzare le risorse già disponibili, ma anche saper fare le scelte giuste, stabilendo priorità chiare e prendendo decisioni strategiche. Le risorse sono sempre limitate, e pertanto ogni azione tattica deve essere pensata con un occhio alla loro massimizzazione, bilanciando le diverse esigenze in modo da ottenere i migliori risultati possibili.

La capacità di anticipare e rispondere ai cambiamenti, unita alla necessità di avere sempre un piano di riserva, è ciò che consente di rimanere competitivi in qualsiasi campo. In un mondo in cui l'incertezza e l'imprevedibilità sono costanti, la tattica è la chiave per navigare con successo attraverso le tempeste. Le decisioni non possono mai essere basate esclusivamente su ciò che è noto e certo; bisogna essere preparati ad agire rapidamente quando si presentano nuove opportunità o difficoltà, modificando la traiettoria quando necessario per mantenere la rotta.

In definitiva, la tattica è tanto una disciplina mentale quanto un'arte pratica. È la capacità di vedere oltre l'orizzonte immediato e di agire in modo ponderato e mirato, con l'obiettivo di conseguire risultati duraturi. La tattica, quindi, non è solo una serie di tecniche da applicare, ma una mentalità che guida ogni azione e decisione. La padronanza di questi principi può trasformare un semplice individuo in un leader, un team in un gruppo vincente, e una visione in un successo tangibile. La tattica è la forza che permette di affrontare ogni sfida con determinazione e saggezza, con la consapevolezza che, se ben applicata, porta sempre verso la realizzazione degli obiettivi.

Come applicare le tattiche apprese in modo integrato

Applicare le tattiche apprese in modo integrato richiede una comprensione profonda dei principi fondamentali e la capacità di adattarli a situazioni complesse. Non si tratta semplicemente di eseguire una serie di azioni indipendenti, ma di orchestrare un approccio coeso, dove ogni decisione e ogni mossa si allineano agli obiettivi complessivi. L'integrazione delle tattiche implica un pensiero strategico che colleghi azioni immediate e reattive a un piano a lungo termine, creando sinergia tra le risorse, il tempo e le capacità disponibili.

Per applicare in modo integrato ciò che si è appreso, il primo passo è sviluppare una visione unitaria delle varie tattiche. Ad esempio, se si sta affrontando una sfida complessa che richiede l'uso simultaneo di tattiche di gestione delle risorse, risoluzione dei problemi e adattamento alle circostanze, è essenziale sapere come combinare questi approcci in maniera fluida. La capacità di utilizzare una tattica mentre si è consapevoli della necessità di modificarla in base ai cambiamenti del contesto è la chiave per ottenere una risposta coerente e ben coordinata.

Un altro aspetto importante nell'applicazione integrata delle tattiche è la consapevolezza del momento giusto per agire. La tattica, infatti, richiede non solo precisione e adattamento, ma anche il giusto tempismo. Agire troppo presto o troppo tardi può compromettere l'efficacia di un'azione, quindi ogni mossa deve essere calibrata non solo rispetto al piano generale, ma anche in relazione agli sviluppi esterni. Questa capacità di calibrare l'azione, combinata con la flessibilità mentale, consente di integrare diversi approcci senza mai perdere di vista l'obiettivo finale.

Inoltre, quando si applicano le tattiche in modo integrato, è fondamentale monitorare continuamente l'evoluzione della situazione e l'efficacia delle scelte fatte. La tattica non è un processo lineare: la realtà spesso impone aggiustamenti in tempo reale. Pertanto, integrare tattiche significa anche saper apportare correzioni durante l'esecuzione, ripensando le azioni precedenti alla luce di nuovi dati o sviluppi. La capacità di adattarsi e modificare le tattiche in corso d'opera richiede un'attitudine mentale resiliente, che veda ogni cambiamento come una nuova opportunità per perfezionare la propria strategia.

L'integrazione delle tattiche non si limita, poi, all'uso individuale. Nelle situazioni che coinvolgono gruppi o team, ogni membro deve essere in grado di comprendere il ruolo della propria azione all'interno del piano complessivo. La comunicazione chiara e continua, la coordinazione tra le diverse azioni e la consapevolezza collettiva degli obiettivi sono essenziali per applicare tattiche integrate a livello di gruppo. Ogni componente della squadra deve operare in armonia con gli altri, comprendendo come il proprio contributo si incastri nel contesto più ampio, senza agire in modo isolato o dissonante rispetto agli altri.

Infine, per applicare in modo davvero integrato ciò che si è appreso, è necessario una continua riflessione critica. La tattica non è statica, e la sua applicazione migliore è quella che evolve con il tempo. Rivedere le proprie scelte, imparare dai fallimenti e mettere in pratica nuovi approcci, tutti questi sono elementi che permettono di integrare le tattiche in maniera più fluida e naturale. Solo attraverso l'esperienza, l'autoconsapevolezza e un impegno costante nell'apprendimento si può raggiungere un'abilità tattica che non solo risponde alle sfide, ma che le anticipa, trasformandole in opportunità di successo.

Tattica e strategia: un'alleanza per il successo

Tattica e strategia sono due concetti interconnessi e complementari che, se usati insieme, possono portare al successo duraturo in qualsiasi ambito. Sebbene siano spesso trattati separatamente, la vera potenza si sprigiona quando si riescono a integrare in modo sinergico, facendo in modo che l'una sostenga e completi l'altra. La strategia fornisce la direzione e la visione a lungo termine, mentre la tattica è ciò che consente di navigare le difficoltà quotidiane e raggiungere gli obiettivi attraverso azioni concrete. In altre parole, la strategia definisce "dove" si vuole arrivare, mentre la tattica descrive "come" ci si arriva.

La relazione tra tattica e strategia può essere paragonata a quella tra una bussola e un timone. La strategia è la bussola, che indica la direzione generale, l'obiettivo finale, la meta da raggiungere. Senza una visione strategica, la tattica rischia di essere frammentaria, senza un vero scopo, con il rischio di portare a risultati confusi e poco duraturi. D'altro canto, la tattica è il timone, l'elemento che permette di manovrare attraverso le acque tempestose delle sfide quotidiane, di prendere decisioni tempestive e adattarsi alle circostanze in evoluzione. Senza la tattica, la strategia rimarrebbe solo un piano teorico, privo di applicazione pratica.

La vera forza della combinazione tra tattica e strategia risiede nella capacità di adattarsi e rispondere agli imprevisti senza mai perdere di vista la meta finale. La strategia fornisce un quadro chiaro e solido, ma è la tattica che dà la flessibilità necessaria per fare fronte ai cambiamenti e alle situazioni che si presentano lungo il cammino. Ad esempio, in un contesto aziendale, un piano strategico può prevedere l'espansione in nuovi mercati, ma sarà la tattica a determinare il momento giusto per lanciare nuovi prodotti, la negoziazione con i partner, e la gestione delle risorse per massimizzare il ritorno sull'investimento.

Quando tattica e strategia sono allineate, la capacità di decisione diventa più potente e precisa. La strategia dà un senso di direzione e coerenza, mentre la tattica permette di implementare quella direzione con efficacia. Un buon stratega non è solo un visionario, ma sa anche come tradurre le proprie visioni in azioni concrete, passo dopo passo. Allo stesso modo, un buon tattico non si limita a risolvere i problemi immediati, ma deve essere sempre consapevole di come le sue decisioni influenzeranno gli obiettivi a lungo termine.

In conclusione, l'alleanza tra tattica e strategia non è solo auspicabile, ma fondamentale per il successo. La strategia fornisce il "perché" e il "dove", mentre la tattica risponde al "come". Insieme, creano un approccio coeso e robusto, che consente di affrontare le sfide in modo efficace, adattarsi rapidamente alle circostanze mutevoli e raggiungere gli obiettivi con precisione. Il loro incontro permette di trasformare la visione in realtà, e la realtà in successo.